SELF-REGULATION IN THE CLASSROOM
Helping Students Learn How To Learn

自我调节课堂

帮助学生学会学习

大夏书系 | 培养学习力译丛
盛群力 主编

[美] 理查德·M·卡什（Richard M. Cash）著 / 丁旭 车燕虹 译 / 盛群力 审订

华东师范大学出版社
全国百佳图书出版单位
·上海·

Self-Regulation in the Classroom © 2016 Richard M. Cash.
Simplified Chinese translation copyright © 2023 by East China Normal University Press Ltd.
Original English language edition published by Free Spirit Publishing, an imprint of Teacher Created Materials, Inc., 5482 Argosy Avenue, Huntington Beach California 92649, USA.
Arranged via Licensor's Agent: DropCap Inc. All rights reserved.
Simplified Chinese rights arranged through CA-LINK International LLC (www.ca-link.cn)

上海市版权局著作权合同登记 图字：09-2018-786 号

目 录

推介语　　　　　　　　　　001
献词与致谢　　　　　　　　005
中文版序言　　　　　　　　007
序　言　　　　　　　　　　011
导　论　　　　　　　　　　013

第 1 章　21 世纪学生的自我调节学习力　001

一种自我调节学习力模型　　　　003
A 是情感　　　　　　　　　　　004
B 是行为　　　　　　　　　　　005
C 是认知　　　　　　　　　　　009
平衡自我调节力的三维元素　　　012
本章小结　　　　　　　　　　　012

第 2 章　培育自我调节学习力的过程　013

研究表明：这是一个过程　　　　014
自我调节的关键阶段　　　　　　015
实践阶段：人物描绘比较　　　　022
本章小结　　　　　　　　　　　024

第3章　学生参与学习　　　　　　　　　027

影响自我调节学习力的因素　　　027
参与学习的四个阶段　　　030
培养自我调节学习力的阶段矩阵　　　038
本章小结　　　040

第4章　在参与学习中培养信心　　　　　　　　　043

情感的作用　　　043
激发学生兴趣　　　050
在学习中树立价值观　　　052
帮助学生建立自信与提高自我效能感　　　055
促进成功的学习环境　　　059
本章小结　　　061

第5章　培养思维习惯　　　　　　　　　065

思维的结构　　　065
元认知：对思考的思考　　　066
基础认知：首要思维工具　　　068
批判性推理　　　074
原有知识：对成功的支持　　　080
本章小结　　　085

第 6 章　设定和达成目标　　093

学习目标　　094
目标等级　　096
理想的自我目标　　098
ABC 目标　　100
学习 / 表现目标　　103
目标设定过程的教学　　107
给予反馈　　108
本章小结　　112

第 7 章　保持关注　　115

拖延：什么阻止我们开始？　　116
避免分心：保持专注　　119
时间管理　　120
学会组织　　123
管理压力　　126
直面无聊：承担责任　　130
本章小结　　131

第 8 章　养成学习的习惯　　135

保持高效的学习环境　　135
重要的学习策略　　140
"家庭学习"不是家庭作业　　147
有效学习的研究　　152
请求帮助　　155
本章小结　　156

第 9 章　反思和放松　　　　　　　　**161**

学习反思　　　　　　　　　　　　162
库伯的反思模型　　　　　　　　　165
吉布斯的反思周期　　　　　　　　168
作为反思实践的评估　　　　　　　174
鼓励放松　　　　　　　　　　　　180
本章小结　　　　　　　　　　　　182

第 10 章　综合运用——课堂和学校计划　　**189**

课堂实践的框架　　　　　　　　　190
四种类型的学习者　　　　　　　　198
自我调节学习力的发展评估　　　　204
家长/监护人对学习自我调节的支持　206
本章小结　　　　　　　　　　　　206

作者简介　　　　　　　　　　　　　　217
参考文献　　　　　　　　　　　　　　219
译后记　　　　　　　　　　　　　　　227

推介语

这是为学生自我调节提供强大动力,以行动为目标,组织精巧、丰富、全面的资源,教师可以日常用来促进学生走向成功。

——利恩·尼克森(LeAnn Nickelsen)

教育硕士,《深度学习以共同核心寓于生活》作者之一

理查德·卡什带来了富有激情的、积极的教育方式,通过对情感、行为和认知的共情理解,提供了一个关于如何培养 21 世纪学习者的路线图。对于教师、心理学家、家长和管理者来说,这是一个不可多得的资源。

——特雷莎·亚哥·波特曼(Teresa Argo Boatman)

博士,心理学家和资深专家

作为一名有将近 30 年教龄的教师,我很高兴找到了一种能够激励我成为教育者的策略。《自我调节课堂》以研究为基础,用户友好,有丰富的策略和活动,以指导所有学生找到自己的"甜蜜点"进行学习。卡什博士对思维如何运作以及如何充分发挥其潜力有着极好的理解。

——莫妮卡·菲茨杰拉德(Monica Fitzgerald)

三年级的教师

卡什博士这本研究深入和富有洞察力的著作解决了所有学生的社会经

济和学术智力需求。它提供了合理的理论、有趣的概念和实用的策略。在整本书中，他强调 21 世纪的学习者处于信息量过载的世界中，学生总是分心于他物。他为孩子们提供了如何专注学习、建立自信、设定目标、深思熟虑、管理自己的时间和压力，以及有效学习的方法。我强烈推荐这本书，因为这本书不仅适用于那些刚从事教育的人，也适用于那些有时会抱怨"今天的孩子不像我以前教过的那些孩子"的资深教师。

——卡罗琳·科伊尔（Carolyn Coil）

教育博士，教育顾问和作者

《自我调节课堂》是提供给教师、学校管理人员和学校职员的综合实用指南。在为 21 世纪中技术驱动学习的学生授课时，卡什满足了在创新教育战略方面的需求。本书以理论和最新研究为基础，旨在教育读者并提供促进学生参与和自主学习的工具。我全力推荐《自我调节课堂》，这本书将成为一门必要的课程，以培养学生为职业和大学做准备的技能。

——桑德拉·莫滕森（Sandra Mortensen）

明尼苏达州布卢明顿公立学校辅导员

这本书研究理论深厚丰富，实用性强，适合希望提高学生参与度并帮助学生调节思维和行为的教师。卡什博士从专业知识中吸取经验，提出基于研究的策略和想法，以帮助包括学优生和学困生在内的各类学生。不管你是一位想解决各种学习需求的任课教师，还是一名希望给教师提供关键方法的校长，又或是寻找专业发展资源的学区管理员，《自我调节课堂》都将成为你可以反复利用的宝贵资源。

——内森·沃纳（Nathan Warner）

教育硕士，校长助理

卡什博士为沮丧的教师和家长提供基于研究的答案和解决问题的方法。众所周知，学生面临纷杂的信息，需要我们的帮助和支持来处理信息、理解信息，并应用信息来学习。这本书正是我们需要的。

——帕特里夏·威廉斯（Patricia F. Willems）

明尼苏达州布卢明顿公立学校阅读专家

卡什博士拥有一种不可思议的能力，可以在任何环境中使学习者快速自我调节。他提供的策略适用于各种用户，教会学习者如何自我控制，实现个人愿望，并在不断变化的社会中坚持成为终身学习者。《自我调节课堂》是任何想要帮助他人成功的人的必读之书。

——巴巴拉·莫里森（Barbara Morrison）

教育硕士，威斯康星州威滕伯格–伯纳姆高中综合学科教师

《自我调节课堂》包含当前研究中实用具体的方法，能够帮助学习者进行自我调节，教师也可以用此优秀的工具进一步支持学习者的自我调节。

——蒂姆·罗宾逊（Tim Robinson）

内华达州沃肖县学区初级 GATE 项目协调员

这本书是 21 世纪教师手中的宝石，将帮助教育工作者引导学生走向自我发现、有效学习和自我提升，可作为一本常用指导书。《自我调节课堂》最终指向以学生为中心的课堂文化，增强自尊自信，对促进所有学习者学习有重大意义！

——乔伊·劳森·戴维斯（Joy Lawson Davis）

教育博士，弗吉尼亚联合大学教师教育系副教授兼主席

献词与致谢

献 词

致克雷格·费尔特曼（Craig Feltmann），感谢你对完成本书给予的爱和支持。

致 谢

衷心感谢玛吉·利瑟佛斯基斯（Margie Lisovskis）和朱迪·加尔布雷思（Judy Galbraith），确保了这本书由想法变成文字。

感谢本书编辑梅格·布拉奇（Meg Bratsch）和卡拉·韦兰（Carla Weiland），感谢你们的勤奋工作，帮助我巧妙地思考和调整作品。

感谢苏珊·斯文尼克（Susan Swinick）和约翰·卡什（John Cash），感谢你们给我的鼓励，支持我去做喜欢的事情。

感谢我的朋友、同事和合作者凯蒂·麦克·奈特（Katie Mc Knight）博士助我点燃自我调节的火焰，并在许多方面协助我将自我调节付诸实践。

中文版序言

我在心理学领域研究有关"自我调节学习"（self-regulation for learning，SRL）已经有15年了。我觉得现在比以往任何时候都更需要帮助孩子"培养自我调节学习的能力"。随着科学技术的不断进步，人们能够接触到更多的信息，世界变得越来越复杂，而这些信息可能并不总是准确的。此外，我们的孩子也开始期待得到即时的满足。

当谈到即时满足时，我指的并不是对行动或技能的发展提供即时反馈，我所担心的是孩子想要不劳而获、想要毫不拖延又不想付出努力，却能体验快乐或满足的情形。因为如今他们已习惯通过互联网搜索或将数字输入计算器快速获得答案，他们也能够无论白天或晚上，可以在任何时间与任何人交谈。

然而，我们一生中的大多数经历并不可能带来即时的满足。通常，我们需要等待投资产生回报，或等待医疗检验输出结果。耐心是自我调节的众多要素之一。

卡罗尔·德维克博士（Dr.Carol Dweck）和安吉拉·达克沃斯博士（Dr.Angela Duckworth）在心理学领域中的杰出贡献使我们逐渐了解了心态（mindset）、坚毅（grit）、决心（determination）和自控力（self-control）等是什么。所有这些术语都代表了自我调节学习的属性，它是一种管理冲动的能力，在完成任务的过程中始终保持专注的能力，培养自主学习的意识，以取得学业上的成功。在我这本《自我调节课堂》的综合指南中，读者会很容易地发现，教育工作者能够找到相应的方法和策略来帮助不管有没有特殊需要的学生，使学习者成为自我调节的获益者。这本书也为学生提供了一些方法，使他们能够：

◇增加在学习上的参与度；

◇增强信心；

◇避免分心；

◇培养有效的学习习惯；

◇制定和实现目标；

◇将失败作为一种学习动力；

◇反思和放松。

本书是促进积极行为和执行能力的基础，能够帮助教育工作者满足所有学习者的需求。

自我调节学习力由三个相互关联的维度组成：情感、行为和认知。情感（affect）是我们对自己的感受，我们在哪里，我们在做什么。我们对环境的感知控制着行为和想法。行为（behavior）是我们为实现有价值目标所做的事，或者是与学习环境的互动。我们的行为对自己的感受和想法也存在深远的影响。认知（cognition）是我们所采用的思维方式。元认知是个人思维，或者是利用我们的工作记忆进行反思和计划。基础认知是一种复杂的、批判性的、创造性的思维方式。形而上学的认知是超越自我的思考，关于抽象的观念，如真理和存在的本质。思维的各个层面对学习者的自我效能感和自我信念起着重要的作用。情感、行为和认知这三个维度（ABCs）共同构成了学习的基本要素，它们相互依存，忽视任何一个都会导致学习上的不平衡。

本书将带你经历培养自我调节学习者的旅程。我推荐的策略应该植根于学习环境之中，为了使学生充分发挥潜力并取得成功，他们也必须平衡自己的情感、行为和认知。通过本书中的活动，你可以帮助学生培养专注力，避免无意义的分心，使用适当的思维工具，保持自信的态度。

你一定会发现有用的、实用的、基于实证的方法，以指导学生更大程度地提高学习自主性。

理查德·M·卡什，教育博士

殊荣教育家、作家和培训师／顾问

序 言

许多国家开始重新关注有关技能和态度的教育体系，这些技能和态度能够促进我们快速地改变世界。几乎没有一个国家的人不在讨论"21世纪的技能"，并且尝试各种方法帮助学生在这个日新月异的世界里成功，这样的情形对于我们的曾祖父辈来说是难以置信的。

比如，10年前，谁能想象我们可以通过掌上产品掌握世界上多种多样的信息，又或者人们可以自由操控各种能源的汽车，甚至医生和研究人员可以通过机器检测到我们在想什么？这些进步在没发生前是很难想象的，然而，现在我们却认为这些发展理所当然。这是一个发展和进步空前的时代，我们很容易对自己将走向何方盲目乐观。

为未来的20年培养学生存在着一个大障碍：因为人们不可能预测到未来10年的世界到底是怎样的，更不用说20年甚至更远。我们也无法预测以后的工作（比如，10年前，在智能手机行业工作是难以想象甚至被认为是荒谬的事），我们无法预测未来的科技，我们也无法预测太多其他的事情。

更复杂的是，当今的学生会越来越少地被产业驱动，他们能够更灵活地选择工作的种类。调查显示，现今的学生在工作历程里，每过几年就会跳槽，甚至转换整个事业的轨迹。我们如何才能让学生在这个永远变化的世界里获得生活上和工作上的成功呢？

研究表明，无论学生将会在哪个领域就业，认知能力和创新能力对未来的工作和生活上取得成功越来越重要。这些能力中有一个关键的能力就是对思维与行为自我调节的能力。那些能够为学习付出努力、能够运用最优学习策略、能够挑战自我发现问题并且解决问题的学生，无论在何时、何地、何种领域选择工作，他们都将成为终身学习者，也最有可能成为有创造力、快乐的成年人。

自我调节力到底是不是21世纪人才技能的基础，抑或是未来成功的基础呢？

这本书非常清晰地介绍了如何帮助学生提高自我调节力。本书提出的一个总体的模式直接明确，丰富全面（绝非简单划一），并且提供有效的情感—行为—认知三维框架，以仔细思考什么是自我调节力和探索如何帮助学生发展自我调节力。这本书的魅力在于教师可以运用众多的策略来指导学生。阅读这本书时，我发现记录下来的那些策略都能够用于高校学生身上，还有周末在我这里参加培训的孩子身上，甚至我自己的孩子身上。我已经记不得之前自己对于其他书籍围绕的主题概念有更好的理解是什么时候了，其他书籍也无法提供具有立竿见影效果、富有实际操作性的策略。

最棒的是，理查德从不学究老套。他非常了解教师所面临的挑战，在课堂上，同时也作为一名教师教育者，他将自己广泛的经验贯穿于每一章节中，对教师如何帮助学生培养自我调节技能提出切实可行的建议。他是严肃的学者，也是世界上最有成就的教师教育者。理查德的作品见解深刻，引发思考，我经常向他咨询各种教育问题。阅读他的书一定会使你（和你的学生）获益良多。

——乔纳森·普拉克（Jonathan Plucker），博士
约翰霍普金斯大学朱利安·C·斯坦利人才发展教授

导 论

> 庆祝成功理所应当，但汲取失败的教训更为重要。
>
> ——比尔·盖茨（Bill Gates）

作为一名教师、一个地区管理者、一个顾问，我已经走过了快30年了。我亲眼见证了孩子们如何投入学习，逐渐地发生稳定而持续的变化。早些年作为教师，我通过各种故事、新奇且有趣的演示来引导学生。那些日子里，教师的任务就是要战胜精彩的电视节目和第一代电子游戏。而如今，通过与数百位教师和学生接触，我发现让学生们参与学习越来越难，已经成为一项难度巨大的挑战。

如今的学生身边充斥着数以百计的广播电视频道、持续点播媒体、高级复杂的电脑游戏以及能够"快速获取"的信息，而且他们还频繁地通过各种社交媒体和短信保持联系。世界的变化要求教师必须改变教学方式。21世纪第二个和第三个10年，教学不再是教师站在那里循规蹈矩地传道授业，教育者必须意识到如今的教学需要每天甚至实时抓住学生的注意力，这是十分艰巨的挑战。

我发现新千年一代（2000年以后出生的孩子）最显著的变化是他们热衷于各种刺激，但是他们关注力的时间却大大缩短了。科技的进步让学生能够通过虚拟现实迅速地与他人联系以获得信息，但是，这却导致他们几乎不花什么时间去钻研文本，再也不是遵循从左上角到右下角的线形阅读方式，而是随便地浏览互联网，快速挑出感兴趣的话题来获得"看似足够的"知识。因此，自我调节学习力作为一种"应时"的学习模式，对教师参与、教育、激励和支持21世纪的学生已经开始产生巨大的影响。

自我调节学习力：这并不是一个新的想法

过去的40年，心理学领域一直在研究自我调节的话题，然而这个话题却从来没有比在今天的课堂上更有意义。大众媒体通过使用坚毅、决心、坚持、心态、驱动力、自我控制这样的字眼一直在讨论这一话题。《孩子是如何成功的》（Tough，2012）、《成长心态：看见成长的自己》（Dweck，2006）、《驱动力：激励我们的惊人事实》（Pink，2009）、《哪来的天才》（Colvin，2010）等论著都指明了成功最重要的是避开干扰、专注于完成任务和发展自主学习意识。

约翰·哈蒂（John Hattie）在《可见的学习：800个关于成就的元分析》（2009）一书中表明，如果学生专注于学习而不是仅仅为了表现，并且设立自我发展目标，实时监控学习进程，接受成功导向的反馈，在标准的基础上衡量学业成绩而不是与他人比较，这样成绩就必定会逐渐上升。因此，能够高效学习、自我调节、自我控制的学生才更可能在学校以及未来其他领域取得成功，而不是在学习中低效、不时地感到无助的那些学生。

《动机与自我调节学习力：理论、研究和运用》（Schunk & Zimmerman，2012）、《能力与动机手册》（Elliot & Dweck，2005）以及《自我调节手册：研究、理论和运用》（Baumeister & Vohs，2004）等著作和其他的一些材料，对自我调节及其在课堂上的影响作用已经有了较为全面的概括。

《自我调节课堂》这本书是为了让教育者能够更深刻地理解自我调节理论，知晓发展自我调节力到底是什么样的，真正找到培养学生自主学习能力的方法。这本书里的理念、策略和过程为学校、管理者以及教师指导学生取得更高成就、缩小学业差距提供了清晰的框架。

这本书强调所有学生的学习需求，包括需要支持的后进生和遥遥领先的学优生，也会帮助来自贫困地区的学生和家境富裕的学生改变理念。我相信，如果学生能够自我调节，他们将会获得成功。

无法发挥自己潜能的学生需要自我调节。经济贫困或家境困难的学生通常缺少有效自我调节的榜样，这让他们很难发挥自己的潜力。本书通过关注学生学习的不同阶段：示范／观察和进行有针对性的实践，来指导那些最需要帮助的学生，为他们今后的学习做好准备。直接以自我调节的策略进行教学和示范对那些先前没有积极学习经验的学生非常有益。

优等生的自我调节。长达 25 年与优等生相处的经验使我知道，会运用自我调节策略进行学习的那些学生很容易就能达到学业要求，也就是说，教授自我调节对学生学习的效果十分重要。学会自我调节的学生觉得小学学习很轻松，学习情感及获得认知的过程没有什么困难。当他们到了中学，课堂学习可能变得更具挑战性，更加复杂，这时就需要他们用内在的调节能力来保持高水平的成绩。这是成绩由不好变为优异的关键时期。许多成绩不好的学生还不知道什么时候、怎么运用自我调节的技巧来完成复杂的任务。有些人在高中就找到了方法，为更复杂的学习做准备。

然而，一些高水平学习者在他们学习成绩不理想的时候误以为自己"没有天赋"。我的看法是当这些学生遇到困难时，他们还没有学会如何依赖和运用自我调节的能力。因此，经常给高水平学生强化自我调节的策略，对他们在中学、中学以后以及其他方面取得成功至关重要。

所有学生都需要自我调节。所有学生都可以在学习和应用自我调节策略中获益良多。正如在本文开头引用比尔·盖茨的话：学会如何应对失败才能使我们学到的更多。许多学生害怕失败，好像一旦失败，自己就永远被打上了失败的烙印。将失败作为学习的机会进行反思，在这个变化纷杂的世界中，在感情和认知上保持韧性就是掌握了强有力的工具。清楚自我调节的概念，能够调节情感、行为和认知的能力对所有的学生都至关重要。

本书简介

本书的开篇讲述了自我调节的定义和如何将自我调节运用到学习情境里。对学生来说，要挖掘他们的潜力，就必须具有专注的品质，避免无意义的分心，运用正确的思考工具并且保持有信心的态度。在我们指导学生获得成功之前，学生必须"学会自我调节"。学会自我调节的过程经历四个时期，时而向前，时而后退，都是通过自主学习的途径获得的。

让学生参与任务有助于自我调节的发展，所以本书展示了参与学习的四个时期和检验如何学得最佳。在神经系统和学习研究的基础上，所有学生学习的时候，他们需要了解，也很想了解这些具体要求。

在本书后面的几个章节中，自我调节的四个时期与参与学习的四个阶段相结合，提出了实用的、循证的做法来支持教师指导学生以更高的水平进行自主学习。本书的主要目标是为教师提供最新的研究、坚实的理论和可行的做法来提高学生的成绩，减少成绩差距。另外，还有一些目标，包括：

◇阐明自我调节学习力的理论基础；

◇定义学生如何参与学习；

◇展示培养学习者自信心的方法；

◇想办法以提高思考能力；

◇协助目标形成；

◇让学生完成任务时保持专注；

◇培养终身学习者；

◇教会学习者如何学会学习；

◇将可行的地区、学校或者课堂计划融为一体。

第1章：通过各领域专家的角度来展现关于学习自我调节理论的概述。为了让教育者在教学实践中得心应手，他们需要坚实的理论基础和相关支持性研究。这一章从三个方面定义了自我调节，教师引导学习者平衡情感、行为和认知（即学习的 ABCs）。

第2章：让读者了解学会自我调节的过程并指出四个阶段：起源、干预、支持和放手。了解这四个阶段的发展过程，能够为教师提供一个循序渐进的方式关注学生，包括学生的成长、学习能力、早期父母／家庭的榜样以及可持续发展。当学生已经有了榜样、支持、实践和自主性时，他们就能够在课堂充分地发挥出最佳潜力。这一章还包括学生的小传，以及分析自我调节是如何运用到个人的经历中的。

第3章：为学生在参与任务时能够培养更好的自我调节力提供帮助。研究表明，"参与学习"（engaging in learning，EiL）有周期性模式。这一章定义了参与学习的四个阶段，并在每个阶段大致确定了对应的行为。在随后的第4—9章中，进一步将综合教学策略分解成可行的行为和活动。本章引导读者通过参与学习阶段和培养学会自我调节的阶段的交叉运用，展现教师和学生的行为。交叉矩阵有助于教师计划课程、区分学习任务和评估学生成长。学生可以用交叉矩阵监管自身发展和专注于走向成功的进程。

第4章：指导学生在学习早期建立自信心。在学习之前，学生必须对学习有信心。本章为塑造学生的自信和精神力量确定方向和提供支持。学习中的一个关键因素是学生要充分了解学习情况。神经科学研究表明，一个学习者的情绪状态或者感受对他／她在学习空间的注意力有显著影响。本章分享了激发学生学习兴趣和培养学习价值观的思路。提供有用的想法让学生从悲观到乐观，对能够学会自我调节十分必要。本章还包括了在支持性学习环境中发展学生的自我效能，以此来激励学生的各种想法。

第5章：提供培养学生思维习惯的方法，并解释认知的本质——多层次的思考；元认知——思考自己的思考，包括作为学习者我们如何看待自己，如何解决问题。第9章将深入探讨元认知。新世纪到来，我们更要知道教学生如何思考比教学生思考什么更重要。独立的、内容丰富的教学策略为培养课堂思考提供了支持。

第6章：关于设定目标。目标有层次之分：从我们想成为理想自我的目标，到学习ABCs平衡的目标，即情感、行为和认知目标，再到学习和成就的目标。智能目标框架（SMART goal framework）继续拓展为超级智能目标框架（SMARTS/S goal framework），其中包括自我调节力。本章还提到为学生发展提供反馈的策略，并提出将 APP 技术应用于目标设定的建议。

第 7 章：为学生自主管理已经设定的目标提供方法。如今的学生比以前更容易分心。教师和家长需要工具来帮助学生"集中注意力"和避免分心。本章为帮助学生管理课内外目标提供多种方法、策略和技巧。本章的另一主题包括如何进行时间管理、合理组织、控制压力，并通过创新克服消极、无趣的自我情绪。

第 8 章：理念涉及把被动的家庭作业转变成主动学习的必要手段。对于学生，几乎没有什么话题可以像家庭作业一样引起恐慌。尽管没有研究和证据支持家庭作业的功效，孩子们还是必须学会在课堂以外的地方学习。本章展示了教师如何保持多样的学习环境来培养学生的学习习惯和学习技能。这一章向家长和其他人提出了要鼓励学生在课堂之外学会学习的建议。

第 9 章：关注于学习反思和放松的内在本质。人们反思一段经历往往比经历本身学到的更多。本章为反思的过程提供了丰富的表格。计划安排任务超额的学生压力往往很大，所以建议教师和家长时常通过休闲放松的技巧帮助孩子减少压力。

第 10 章：对以上内容进行总结。本章将课堂实践框架拓展到全校范围内，包括评估自我调节力和确认学生有多喜欢学习并将他们变成自主学习者的方法。

最后，本书所有的表格（和一些数据）都有相应的电子版 PDF 格式便于读者使用和分享。相关网址在本书中均有列出，可自行下载。

如何使用本书

本书可以作为自我调节和参与学习理论的基础，能够帮助你成为自主且自导的学习者。阅读第 1 章到第 3 章可以使你熟悉自我调节和参与学习的理论与研究。根据学生自我调节发展的等级和阶段，你可以选择其中的某一章进行详细阅读以解决相关的需要。如果你的学生一直表现不佳，可以尝试阅读第 4 章，培养学生的信心；如果你的学生大多是优等生，可以参考第 6 章设定目标。

无论你是教师、校区或是地区行政官员，本书都会使你获益良多。《自我调节课堂》可以用于团队专业学习，或者与教师共同学习。本书还为专业学习团队（professional learning communities，PLC）和书友会针对每章的问题和活动提供了详细的指导，详细内容可以在网站 https://www.freespirit.com/PLC 免费下载。

我热切地希望了解本书如何在课堂中帮到你。当然，如果你愿意和我分享你的故事或者有相关的问题，可以通过出版商 help4kids@freespirit.com 联系我，或者访问我的主页：nrichconsulting.com。

理查德·M·卡什，教育博士

第 1 章

21 世纪学生的自我调节学习力

> 如果我们让孩子学会自爱，他们就有能力解决生活中的任何问题。
>
> ——贝尔·胡克斯（Bell Hooks）

无论你采取何种直接或复杂的方式来成为目前教育工作者这样的角色，想象一下这段旅程经历与泡在无穷无尽的文本、电子邮件和限制性油管（YouTube）视频里的经历有多么不同。更不用说可以想停下来就停下来用智能手机拍拍照，随时更新脸书（Facebook）主页或者查看推特（Twitter）里朋友的消息。孩子的生活里充斥着大量的、随手可得的网络信息，现在的教育工作者遇到的这些问题是前所未有的。虽然教师一直在努力吸引学生的注意力，让他们积极参与课程，但教师花费的精力从未遭受如此强烈的竞争。

信息负荷超载使学习者极易分心，以随机方式收集信息并不是促进深层思考的最有效方式。当学生专注任务时，他们才可以将信息从工作记忆转移到长期记忆，帮助发展概念性思维、创造力和批判性推理能力。想要充分发挥思维的潜力，学生必须学会排除干扰，并进行深入的批判性思考。

有些孩子停步于即时的满足，因为只要稍做努力就能随时随地获取金钱和食物之类的奖励。因此，很多学生都会陷入这种"即时满足"的情境中。1972 年，沃尔特·米歇尔（Walter Mischel）在斯坦福大学做了一个著名的棉花糖实验，表明自我调节对人一生的成功与否起着重要的作用。自我调节（self-regulation），也称为自控力（self-control）或自我约束（self-discipline），是基于个人为自己设定的目标对自身行为的控制。米歇尔带给四岁的孩子们每人一颗棉花糖，但同时告诉他们，他要离开一会儿，如果他们能够暂时不吃棉花糖，等待他回来，就会给他们两颗棉花糖。那些具有延迟满足能力的孩子能够取得一系列的成功。大约13年后，米歇尔发现等待棉花糖奖励（延迟满足）的孩子在生活中能够借助各种情感、行为和认知方法表现得更加出色、更加自立自信，在项目作业时更有动力，学业上更为成功，更能集中精力和理性计划，更加渴望学习，并且能够保持延迟获得满足感，这些都是自我调节的特征。相反，那些等不及先吃了棉花糖的人更容易遭受挫折，闷闷不乐，更容易对压力产生负面反应，SATs 得分很低，只有 210 分甚至更低，而且仍然无法延迟满足（Mischel et al., 1988）。

2011 年，尼古拉斯·卡尔（Nicholas Carr）在《浅薄：互联网如何毒化了我们的大脑》一书中写道，早期人类逐渐将注意力转向生存环境，才逐渐适应环境，得以生存，并继续维持人类的基因库。后来，当印刷品成为知识积累的主流媒介时，我们学会了更长时间的专注。今天，浏览互联网虽然能够使我们快速评估环境，却又使人类回归到很早以前那种长期处于极易分心的时期的状态。从历史上看，美国人一直以具有独立、机智、毅力、创造力、决心和可靠这些特点而自豪。无论出生时的社会地位是高是低，对于愿意坚持下去的人来说，总是可以达到成功的。然而现在，美国高校学生的辍学率居世界前列。在当今世界，信息量负荷超载，人们易于接受即时的满足。在这种情况下，我们如何引导学生明确学习目标、坚持不懈、自我调节、正确面对失败，真正把握学习机会呢？

本章将阐明自我调节学习（self-regulation for learning，SRL）在帮助学生达到目标过程中的重要性。学会自我调节将帮助学习者培养坚毅的品质和自主性，学会反思经验，并学会考虑用多种方法来解决复杂的、模糊的问题。通过使用本书中自我调节学习力策略模型，学生能够学会平衡情感、行为和认知。当融合自我调节的三个基本要素时，学生就会在学习时获得更多的动力和乐趣。图 1.1 显示了掌握自我调节学习力技巧的学生具有的特点和本质。

```
自我调节学习力者……

◇能对学习负责                    ◇能不遗余力
◇能保持参与学习                  ◇能建立高效的家庭学习环境
◇喜欢挑战                        ◇必要时能寻求帮助
◇内在驱动学习                    ◇坚持和果断
◇是表现导向型                    ◇能在学习中寻找个人价值、关联和兴趣
◇能设定有挑战的目标              ◇能在学习中寻找满足感
◇能监控和评估目标实现的过程      ◇能将失败作为学习工具
◇能应用完整的学习策略            ◇能使用/应用有效的学习习惯
◇能调整学习策略                  ◇能基于个人兴趣和喜好做选择
```

图 1.1　自我调节学习力者的特点和倾向

一种自我调节学习力模型

几十年来，社会学家一直感兴趣的一个话题是："自我调节学习力（或自我调节力）是指学习者自己激活和维持情感、行为和认知的过程，系统地指向学习目标的实现。"（Schunk and Zimmerman，2012）学会自我调节是一个学习者管理和控制自己情感（感受）（affect/feelings）、行为（behavior）和认知（思考）（cognition/thinking）能力的过程——参与学习、提高业绩和表现的过程。图 1.2 表明了这三方面是如何相互关联的。

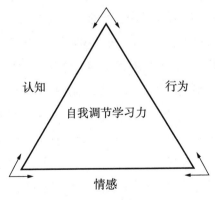

图 1.2　自我调节学习力模型

实际上，自我调节学习力的三个维度（ABCs）紧密交织，在成功的学习者身上相互作用，密不可分。忽略其中任何一个维度都会在学习过程中造成不平衡。比如，你对一个环境感觉很陌生（也许是在一个派对上，其他人看起来没有一个和你的谈吐、外貌、背景相似），你可能就会花大部分时间去思考自己的格格不入，可能会以保守的方式行事，而不是尽可能多地接触新人。这是自我调节的一个维度（情感）使另两个维度（认知和行为）失去影响的例子。以下部分将分别定义三个维度，事实上三者紧密交织，无法分割开来。

A 是情感

学习者对情境的感受决定了他或她的注意力、动力和动机的焦点。情感被定义为感受，或者对自己情绪的有意识的认知。情绪是由内部和外部刺激触发的边缘系统（控制情绪和记忆的原始中脑区域）内的化学反应。

情感反应（感受）的基本发展方式如下：

1. 与事件、环境、物体、感觉或思想的相互作用。
2. 有意识或无意识地关注互动。
3. 根据以前的经验或其他人的反应解释注意力。
4.（本能地或有条件地）解释反应。

例1：学走路的小孩松开妈妈的手后摔倒在地（相互作用）。孩子的第一反应是由于摔倒而导致的轻微疼痛（关注）。由于摔得不是很疼，孩子可能不会叫出来。然而，母亲的反应是恐惧并且尖叫（解释），这时孩子认为跌倒不仅仅是一种轻微的疼痛，由于妈妈的恐惧反应而开始哭泣（反应）。

例2：学生来到了一个新的班级（相互作用）。教师和学生热情地欢迎她的到来（注意力）。新同学因此有一种归属感（解释）。所以她更愿意敞开心扉、承担智力风险、寻求帮助，并在整个课堂中获得成就感（反应）。

我们调节或管理情绪反应的方式对学习有重大影响。研究人员发现，当人们有意识地采用积极行为（比如，去散步或骑自行车）和积极的认知（比如，反思如何改善情况）而不是关注负面影响时，他们能够快速地克服消极情绪（Dillon and LaBar，2005）。

此外，研究表明，当我们感觉良好时，大脑会发生生理变化，使我们能更清晰、更有效地思考（Hidi and Ainley in Schunk and Zimmerman，2008）。负面的情感在思考过程中会造成负面影响。研究告诉我们，如果将学生的注意力集中在对感受的认识上，并为他们提供特定的行为和认知策略来调整这些感受时，他们更有可能取得成功。

例如，一个普通的四年级学生马特奥（Mateo）想学习将分数化为小数。与他同组的小伙伴迅速地掌握了方法。小伙伴一边帮助他，一边说"为什么你算不出来呢"和"你太慢了"，让他对自己的能力感觉糟透了。老师安德森先生（Mr.Anderson）找来了马特奥，来帮助他，安德森老师很快地感知到了马特奥的情绪。安德森并没有挑剔马特奥的实际运算问题，而是带着马特奥一起到喷泉池散步（身体行为），并在散步期间开导他想想数学以外的事情，比如他的足球比赛进行得如何，或者放学后打算做点什么。当马特奥返回课堂，带着教师的鼓励，他已经能调节负面情绪了。再次练习的时候，他比之前做得快多了，并且愿意积极地去学习新的数学解题步骤。

B 是行为

基于本书的目的，将行为定义为基于内部和外部因素启动、维持、改变或开发的行动。行为既可以有意识也可以无意识。对于学生来说，牢牢把握该做什么，并坚信自己有能力去做的积极信念，能够有力地影响他们实现目标的能力。

学术行为

学术行为通常指对学校和事业成功有用的做法。这些行为可以分为五个互动类别：

1. 决心：这是对启动、维持和实现理想结果的承诺水平。学生的行为包括使用自我对话、寻求帮助、关注细节和克服障碍。

2. 兴趣：融入学校、集体和达到目标时所用的注意力和好奇心。学术行为包括去学习关于某个主题的更多知识、与材料或他人建立联系，以及在分心时能够重新引导注意力。

3. 工作习惯：学习新信息所用的策略和技术。与工作习惯有关的学生行为包括设置学习时间，使用组织策略以及计划和监控目标。

4. 沟通和协作的技能：与他人共同达成一个成果的效率。学生的行为包括口语和听力策略、合作和谈判，以及技术的规范使用。

5. 目标焦点：建立、管理和达成一个现实目标所经历的过程。学生的行为包括了解优势／限制、控制冲动以及使用反思性实践。

随着学生行为的培养和实践，他们最终会养成习惯。第4章和第6章将为自我调节的行为层面提供更具体的策略。下面详细描述了行为变化的四个阶段。

行为变化的四个阶段

基于对人们如何调整行为以趋向习惯性的研究，图1.3显示出整个变化过程以及如何将其应用于课堂。图底部的箭头显示，通过策略和不同阶段中学习者的进步，行为逐渐变成习惯，学生的技能同时得到培养。

第一阶段：注意力

当学生认识到行为需要改变时，他或她便开始经历改变的过程了。在某些情况下，学生无法意识到他们的行为是无效的、效率低下的或者与成功无关的。为了帮助学生意识到改变行为的需要，我们要帮助他们在众多任务中找到行为的意义、努力实现目标，以发现改变行为的价值。当学生认识到立即应用策略能够完成任务，就会产生积极的感觉，行为变化的意义随之产生。还可以通过鼓励和建立自我信念来帮助学生找到改变行为的必要性。

在这个阶段和下一个阶段，应确保学生知道策略实施和技能培养之间的差异。策略是离散的、有意识的行为，而技能则指能自发地使用一组策略来完成特定的任务。换句话说，策略是微观的，技能是宏观的；策略是努力的，技能是毫不费力的。因此，了解到策略会发展成技能的学生就会知道，面对更大的挑战时需要比之前付出更多的努力。当学生进入初中、高中，情况变得更加复杂，能够清楚地说明解决问题的具体步骤就变得至关重要了。

策略举例：以终为始
技能培养：解决问题的能力
策略举例：用图片理解故事
技能培养：理解能力

学生应该信心满满地去完成任务。因此，在这个阶段，学生需要得到大力的支持来树立自信，促进自我效能向更好的方向发展，他们也需要在策略的细节上被给予直接的引导，告诉他们应该怎么做。那些勇于奋斗却又缺少自我指导的学生需要更多的实践体验，包括策略方面、成果的具体表现以及分步实施的工具。

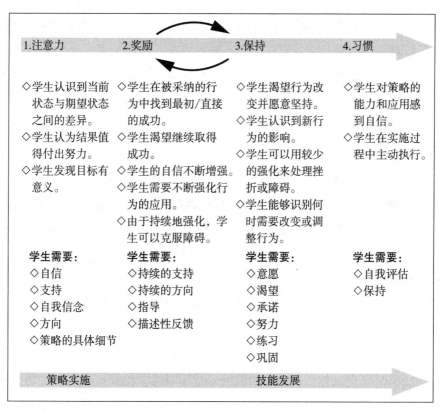

改编自Rothman, Baldwin, and Hertel, 2004。

图 1.3　行为变化的四个阶段

第二阶段：奖励

行为变化过程中这一阶段的主题，即：为行为的实施提供即时奖励。在开始着手新行为时，学生能看到或感受到的即时满足感至关重要。尽管我们试图改变对即时满足感的这种需求，也要充分认识到学生已经习惯于获得即时的奖励。因此，在这个阶段，需要慢慢地使学生不再需要持续的外在奖励，而是逐渐地转为去获得更多内在的成就感。从"你做得很好"转变成"当目标取得进展时，你的感觉如何？"通过专注于学生成长的描述性反馈来建立学生的自信心。当学生更有动力时，你会看到他们能够更加灵活地克服困难、纠正错误。

当学生进入第二阶段时，他们还需要对细节一直保持关注，并需要不断地指引以取得成功。因此，这个阶段最有效的技巧就是使用描述性反馈，这是针对学习目标达成的具体记录，随时发生、随时记录，并且明确那些学生做得好的地方，以及学生需要关注的地方。描述性反馈的主要影响就是使学生从渴望获得外在奖励转变为具有内在成就感，从外在欲望转变为内在喜悦，将推动学生走向习惯的形成。

第三阶段：保持

保持阶段尤为关键。这一阶段，学生看到了自己行为变化的积极成果，并希望继续开辟成功之路。他们开始意识到正在进行的行为是怎样的，并知道何时需要调整或转变这种行为，学生这时已经能够应对挫折和纠正错误。但是在这一阶段中，学生也需要获得即时奖励，如图1.3中的循环圈状的箭头所示。这是因为，如果一个学生在保持阶段遭遇的失败多于成功，却又无法或者不愿意调整行为，就要考虑返回即时奖励阶段，以使学生再次回到保持阶段。

在保持阶段，学生必须深度挖掘自我来找到自己想要或者渴望达到的目的。和学生交流他们在这一阶段的感受和思考，协助他们制订计划、继续努力实施成功所需的实践，鼓励学生改进学习行为以适应不同的情况。

第四阶段：习惯

第四阶段是习惯。当学生有足够的信心，并且开始无意识地在任务中使用各种学习策略时，行为就变成了习惯。即使任务变得更复杂，或者学生在学习过程中遭遇挫折，也会坚持到底，取得成功。现阶段的学生能够自主行为——也就是从实施策略上升到培养技能。只要学生开始习惯性地执行行为或技能，他们就会开始不断地评估行为实施的过程，同时学会理性对待这些技能，不要认为这些技能在应用中永远有效。他们应该做的是不断地练习、自我评估并坚持自我信念。

C 是认知

认知的维度在学生反思经验时起着重要的作用，考虑运用多种方式来解决复杂和模棱两可的问题，并将想法传达给他人。

基本上，认知是思维的自觉行为。在过去的一个世纪中，"认知"这个词已经成为一个通用术语，指的是从简单微妙的过程（如：感知输入意识、随意移动和回忆事实信息）到非常复杂抽象的层面（如：批判性推理、解释和创造力）所经历的心理过程。我们可以通过学习经历来增加我们的认知，无论是重复、实践还是基于发现。我们的目的在于从学生在课堂上使用的各种思维过程的角度来看待认知。

本节将讨论元认知（思考思维）、基础认知（一般思维）和形而上学的认知（存在主义，哲学思考）。自我调节学习力能够使元认知的反思过程转变为基础认知的结构化思维工具，并最终在形而上学思维中使用超越自我的知识（图1.4）。

图1.4 认知的水平

元认知

元认知是"思考我们自己的思考"。这种严密的思考是我们在思考近期和过去的事件时每天都经历的思考过程。对高级思维的积极控制使我们能够参与更有效的学习过程。元认知包括规划如何处理任务、监控理解以及评估完成进度的心理行为。

在一些情况下,元认知被用作与自我调节和执行功能互换的术语。一般来说,元认知可以被认为是监督和控制认知(思考)的过程。元认知可以分成三类:

◇个人知识:指的是在什么地方学习、如何学习,能学得最好。你喜欢单独在一个安静的房间里工作,还是在一个可以自由交流想法的团队中工作效率更高?

◇任务知识:指的是知道何种问题需要解决。你最擅长处理线性的问题(算法)吗?或者你更擅长处理抽象的、未定义的情况(真实世界类型的问题)?

◇策略知识：知道做什么并且什么时候去做。你知道解决问题的具体策略或者什么时候去运用这些技术吗？

学习的核心是清楚认识个人优势和局限，了解如何处理和解决问题，以及熟练掌握成功完成任务的有效策略。学生可以学习元认知并且知道如何利用它成为更高效的学习者。有关元认知学习的更多信息，请参阅第5章。

基础认知

基础认知（Infra-cognition）是一种反复的或者"广泛的"思考过程。就像园艺中，"多年生"一词意味着生长多年。反复性思考已经被多代人使用，且不仅仅是如何获得食物、住所和水等关于生存的思考，而是繁复的、关键的、有创造力的思考过程。这样的思考是"广泛的"，因为它们比元认知（个人的思考）更大。随着我们迈入21世纪，进入新千年时代，思维的训练必须超越正确答案的传递，要知道会使用多种途径解决复杂而模糊的问题，而不仅仅给个简单的解决方案。

融入基础认知是在内容领域内部和内容之间取得成功所必需的一般学习技能。这包括特定于该学科的技术，如：编辑策略（在写作课程中）以及分析的通用技能，例如将一个想法或问题分解为子组件以识别其中的相似性和差异性。第5章提供了通过基础认知提高学生效率的策略。

形而上学的认知

形而上学（Metaphysical cognition）的认知是最复杂的认知。一般而言，形而上学是关于存在的本质、因果关系、真理和世间所有存在的哲学抽象或理论思考。形而上学的思考是当我们对内容有更深入的理解并且可以跨越主题领域，将思想联系起来以解释我们周围的世界时发生的心理过程。

英国哲学家多萝西·M·埃米特（Dorothy M. Emmet）将形而上学思维定义为类比思维，这是一种推理形式，将两个或更多对象或想法之间的相似性进行比较，达到一个共同点。埃米特进而将类比思维分成两类：

协调类比：用一个主题领域的想法来理解或解释另一个内容领域（例如：使用"宇宙大爆炸理论"来形容宇宙如何存在的想法）。

存在主义类比：用来自经验的想法解释或判断现实或我们的存在［例如："时间是火焰，我们在其中燃烧"，来自德尔莫尔·施瓦茨（Delmore Schwartz）的诗《当我们平静走过这四月的一天》］。

平衡自我调节力的三维元素

达到学业成绩的最高水平要求学生平衡情感、行为和认知。让学生在三个方面保持强大，或学习如何调整一个维度以支持其他维度是学习和成功的重要工具。如果没有强烈的影响（人们可以实现的激励信念），学生就不会关注他们的行为并点燃他们的认知；如果没有有效的行为（学习和学习技能），认知就不会被提炼完善，情感就会受挫；如果没有反思性思考的认知，情感（动机）就会减弱，行为就会引发无助感。自我调节学习者可以调整ABCs三个维度的系统协调，从而在学习中找到更大的乐趣、动力和自主性。

本章小结

本章简要回顾了社会的转变——如何从努力工作和坚持不懈，转变为期待即时满足和同时处理多重任务。随着学生对学习过程的认知转变，我们必须理解将注意力转向自我调节的重要需求：情感、行为和认知相互关联的维度。情感/感受是对内心和外部世界情绪反馈的有意识的反应。行为变化的四步过程使学生能够从使用策略转向技能培养。认知是反思、思考、解释和传达复杂想法的多层次方式。自我调节力好的学习者可以平衡ABCs三维元素，硕果累累，成功在望。如果认识到其中一个维度失去平衡时，他们可以使用另外两个维度创造平衡。

第 2 章

培育自我调节学习力的过程

教育不是一种产品,不是为了成绩、文凭、工作、金钱等;它是一个过程,一个永无止境的过程。

——贝拉·考夫曼(Bella Kaufman)

一个人要成为终身学习者,必须拥有或培养学习动力,学会对自己负责,学会获取新的知识和技能。这些属性都是自我调节力学习者的特征。正如第 1 章所定义,学会自我调节,能够管理和控制个人情感(感觉)、行为和认知(基础知识)以达成有价值的目标。一个品性坚毅、纪律严明和具有注意力(有时称为"坚毅")的人最有可能在学习新事物时迎难而上。当他们培养学习能力和提高应用新思想的能力时,也会形成积极的个人认同感和自尊。本章介绍培养自我调节学习力品质的过程,并提供策略和技巧,以促进学生从一个层级提高到另一个层级。以下讨论的各个阶段,会呈现两个不同学习者的人物描绘和对他们自我调节程度的分析,并提出样例式的建议,来提高或改善他们的学业成绩。

研究表明：这是一个过程

当学生平衡自我调节学习力过程的三个维度（ABCs）时，他们必须以持续向上、流畅有序的态度来适应逆境、障碍和复杂的事物。最有效率的学习者通常都能认识到：情感、行为和认知需要持续地关注、调整和适应。这些学生显示出在遇到困难时具有调节适应的能力，拥有坚定的毅力，并认识到把工作做好需要耐心，这是未来领导者能够解决问题的关键品质。

杰出的社会认知研究学者巴里·J·齐默尔曼（Barry J. Zimmerman）表示，一个人在整个自我调节力学习阶段都会主动进行自我调节。从情感上来说，一个人在表现过程中会感到压力，认识到压力的感觉（认知），并且知道他或她需要通过放松性举动（行为）来缓解压力。当一个学生要在课堂上讨论交流信息（认知）时，如果概述罗列章节大纲的学习策略不成功，为了更好地准备下一次讨论，学生需要去学习或者探索一种新的学习策略（行为）。如果在课后，学生意识到他或她对这节课的定义和运用的概念不甚理解，那么学生就需要计划使用某种技巧（例如助记符）去记住下一个课时的信息（认知）。这些都是自我调节学习力者在最高水平上不断体现出来的自觉性行为。

在学海中挣扎、自由散漫或很少发现学术中相关性的学生都是对自我调节学习力过程和方法缺乏认识。当然也有许多现实问题妨碍学生成为更自律的学习者，其中包括：

◇校内外支持不足；

◇文化／经济／历史／社会信仰等方面的冲突；

◇自我怀疑／自我批评／期望值降低；

◇他人的成见；

◇学校行为榜样不足；

◇教育资源不足，自我调节难以加强；

◇教育从事者缺乏对学生背景知识、文化程度、家庭生活、学习偏好、经济状况差异等方面的认识；
◇缺乏毅力、动机、欲望和动力；
◇固定心态和成长心态的较量。

心　态

2006年，心理学领域的一位顶尖研究人员卡罗尔·德维克（Carol Dweck）博士认为，理论上人类都是通过"心态"的镜头来进行观察和互动。这些心态有些是固定型，有些是成长型。一方面，抱有固定心态的人认为智力、能力和才能是固定的，不能改变或提升。他们的信仰体系通常由文件资料支撑，如考试成绩或他人的评估报告。固定心态的人基于他人的评估来衡量自己的成功。具有固定心态的学生在承认错误、接受挑战、培养韧性、理解完成任务所需努力的必要性等方面存在很大困难。

另一方面，具有成长型心态的人能意识到自己的长处和短处，知道自己的能力可以通过实践得到提升，也了解奋斗精神、辛勤工作和不懈努力对成功的巨大影响。具有成长心态的学生会坚持不懈地努力学习直到任务完成（Dweck，2006）。在起始阶段，对教师而言，塑造学生的成长型心态模式至关重要。

自我调节的关键阶段

学习自我调节需要一系列工具和策略来处理、调整和排列三维度（ABCs）以获得最佳表现。想要获得成功的学生，需要关注自己的情感、行为和思维模式，要在面对不同挑战时学会调整适应。自我调节的过程是一步步发展的，是从简单到复杂的。这些阶段是流动的，并不总是与学习者的年龄相关，而是更多地依赖于预期的结果或表现。最初培养自我调节力的过程是互动式的，逐渐从对外部支持和指导的需求转变为更积极主动的内部视角。最终，学习者能够习惯运用三维度（ABCs）的策略来取得成功，达到自我调节的目标。

自我调节学习力阶段 1：起步

教师通过让学生观察别人以下几个方面来引导学生自我调节学习力：（1）管理情绪反应；（2）利用行为实现结果；（3）分析信息。在这个阶段中，教师有必要建立有效的自我调节策略。初学者通常无法从负面的情感、行为和认知中辨别出积极因素，他们需要一些策略的实例，不断地调整自己。家长或监护人使用无效或负面策略会使学生将这些负面或无效的策略带到学校里。第 3 章将针对"预防型"（与生存有关）策略和"促进型"（以学习为导向）策略的问题进行讨论。

榜样示范

教师和其他成年人应定期拟定具体的策略，帮助学生处理、适应或整合自我调节的三维度（ABCs）。在进行自我调节时，榜样可以具体讲述他／她在课堂中的感受、行为和想法。榜样可以通过谈论学习者获得成功（例如，获得好成绩或承认对自己的行为感到满意）时的奖励，或分享他们在未取得成功时如何重新聚焦自己的注意力的经验，来提高其他学习者的动机。

实例：七年级英语教师沃纳特先生（Mr. Warnert）在讲解新的文学技巧时，首先直接描述了这种策略，即展示了该技巧在作品中是怎么表现出来的，并讨论了这个文学技巧如何提升了作品的内涵。然后沃纳特先生介绍了在自己的写作中运用文学技巧的经验。在写作的示范中，他使用该技巧撰写短文，并把思考的过程说出来。他还分享了自己不得不停下来思考如何拼写单词时的挫折感受（情感）。他说，当遇到心理障碍时，自己会做点其他的事，比如去喝一杯水（行为），休息一下。他还描述了当他停下来时，会去反思自己的进步（认知）。沃纳特先生说能写出优质的文章是会收获喜悦感的。当别人认可自己的文章内容充实时会很有满足感，克服困难产出成果时会很有成就感。他鼓励学生在使用新技巧、解决困难、反思成绩时也可以采用"出声思考"的技巧。

在这个阶段，学习者必须认识到与榜样的某种联系。学生与榜样的个人联系越紧密，他或她的学习动机就越有可能增强，以达到和榜样相似的状态（Zimmerman and Kitsantis，引自 Elliot and Dweck，2005）。如果学生认为自己与榜样没有关系，特别是当这个榜样是个教师时，就不太可能有兴趣加以关注。这就是为什么教师要与学生建立牢固的联系，师生关系至关重要。

此外，让表现较好的学生作为学困生的学习榜样通常成效不大。如果想让学生成为彼此的榜样，他们应该处在近似发展的相似区域内——具有相似的技能或效能，都有进步的意愿，并且彼此之间有区别于能力之外的联系（如性别、种族背景和社会经济地位）(Vygotsky，1987）。

积极自我对话

以积极的态度分享自己的感受、想法和行为可以帮助建立信心以继续前行。在学习时，说一些积极的语言，如："我会减少焦虑、保持专注和思路清晰地做好这项测试"，这样的表述可以对日后的学习产生深远的影响。尽管学生在随后的每个阶段都会使用自我对话的方式，但教师在起始阶段对其进行常规的塑造至关重要。

在一项行动、一项技术或一项策略的进行过程中，学生可以利用自我对话来确定自己在做什么，以及明确他们需要在哪些方面集中精力进行改进。自我对话是让学生表达自我认知过程的一种方式。自我对话与课堂上的通常或实质的对话不同；在解决问题的过程中，它是学习者头脑中"现场报道"的言语表达。学生可以应用的一种对话形式是"出声思考"，另一种形式是复述所写的内容，例如方向、已完成的等式或文本中的段落。这种重复可以帮助学生"听到"他们要做什么或正在做什么。

积极的自我对话还可以帮助挣扎的学习者和害怕失败的学习者（如：许多学优生）接受新的学习任务。这些学习者应该使用诸如"我将尽最大努力完成这项任务"或"尽管我上次做得不好，我也会再试一次，因为我知道我可以做得更好"之类的表达。积极的自我对话有助于减轻压力并改善对自己和他人的态度。下面与学生分享一些关于自我对话的技巧：

◇学会真正地倾听内心的声音——不断地明确方向，直到你明白要做什么或要完成任务所需的步骤。

◇使用自我对话来指导学习——向自己提问题以确保理解的准确性，找出推理中的缺陷，确保证据能支撑想法，重新构思想法，登高望远，或者调整感受。

◇使用积极的自我对话——在犯错之后，调整自己的思维方式，然后说出来（"好吧，我已经知道我不会再这样做了！"）。保持积极的态度可以改变你的感受、行为和思考方式。

鼓励社交反馈

学习成效在社交中得以提升。在集体中会学习或被同伴鼓励的学生更有可能应用策略来发展技能。在初始阶段，在课堂里建立协作技能对学生的未来发展至关重要。

归纳／演绎思维

教给学生各种思维类型和策略，以支持他们发展复杂的思维技能。归纳思维是"你对接收的信息有什么直觉感受"，而演绎思维则是"考虑与信息一起呈现的所有事实"。如表2.1所示，图像组合可以帮助学生建立自己的思维能力。

表2.1 自我调节学习力各阶段的对应策略

	情 感	行 为	认 知
阶段1：起步	◇讨论情感如何影响学习 ◇发现/刺激兴趣 ◇通过模仿积极的自我对话以建立信心	◇引入具体的策略 ◇运用技巧和纠正错误逐步模仿 ◇鼓励社会反馈	◇介绍运用组织图记录思考 ◇介绍归纳和演绎思维
阶段2：干预	◇鼓励自我对话谈论感受 ◇鼓励发现兴趣	◇个人的榜样校正 ◇支持设计团队活动	◇提供时间反思 ◇建议使用思考策略
阶段3：支持	◇鼓励对情绪做出肯定	◇专注强化训练 ◇专注策略实施而非结果	◇鼓励用言语陈述正在做或还未做的事（自我评估）

续表

	情　感	行　为	认　知
阶段3：放手	监督学生： ◇通过内在驱动保持积极的学习观 ◇流畅地调整情绪反应	监督学生： ◇自我监督直到满意 ◇必要时寻求帮助	监督学生： ◇主动实施宏观的行为技能 ◇关注熟练掌握的元认知

自我调节学习力阶段2：干预

在干预阶段，教师会在适当的时间和地点进行干预，使学生不再仅仅是模仿行为。学习者模拟或复制榜样行为。尽管学习者能够做到自我调节的三维度（ABCs），但他们仍然需要通过不断尝试和犯错误来完善学习策略。要对干预做出区分，如描述性反馈，既不能太多也不能太少，不能太频繁也不能间隔太久。干预必须符合所谓的"黄金法则"：恰到好处。密切关注自我调节各维度的执行过程是很重要的。

在这一阶段，学生可能会直接复制榜样，因此有些教师担心学生只会抄袭，而不会创作自己的作品。然而，研究表明不必担忧（Rogoff et al., 2003）。事实上，复制（或模仿）行为被广泛用于许多文化群体中，他们学习共同的价值观、有着共同的期许和传统习惯。模仿代表了学习者完善任务或精进技能的渴望。此外，集体或社会的支持对于学习者从复制榜样跨越到更高的阶段是必要的。成为共同体的一部分并为集体做出贡献，可以提高情绪控制能力以及增强信心。当学习者可以分享经验时，他们更有可能在完善思维方式和制定决策时相互支持。团队观念就是团结协作。

发现兴趣

随着学生开始对自己更加自信，他们开始建立或确定感兴趣的领域。兴趣是学习中一种强劲的、持续性的推动力，它可以使学生保持专注和细心。在学习过程中，寻找感兴趣的主题或者利用学生的兴趣，可以帮助他们与自己正在学习的知识建立联系。

反 思

学习过程中的自我反思很重要,它会引导学生改变方向或认可成功。在干预阶段,给学生提供一些策略,让他们去反思自己的表现,本书第9章会提到,教导学生如何使用这些策略并且投入精力去反思自己的学习。

自我调节学习力阶段3:支持

任务完成和技能培养的过程中,环境的支持是这个阶段的关键因素。学生能够用自己的话来解释模型创建或任务完成的过程。学生对这个过程进行语言重构,可以提示教师在学生继续练习和提高技能时,为学生提供在不同方面需要的一些相关支持或策略。

强化训练

强化训练在支持阶段是非常有效的策略。强化训练首创于田径领域,是一种指向精益求精的技能提升模式。在这个过程中,学习者将较高的技能分解成单个的意义组成,并确定需要强化的部分。学习者会重点关注那些需要实践的具体策略或步骤,并反复练习。

教师的指导和持续性的反馈在强化训练阶段十分重要。为了防止强化训练变得单调乏味,教师应该让练习任务变得多样化,运用各种复杂程度的技能进行示范,规定学生练习的时间。如果你演奏一种乐器或进行一项运动,就会体验这种强化训练。一个创作复杂作品的音乐家一次只会关注一个部分的创作,他会把作品的这个部分一个音符一个音符地分解,并一遍又一遍地演奏。刚开始演奏的时候,音乐家会以很慢的速度开始,然后逐渐提高速度,以达到实际演奏这段音乐时理应达到的节拍。按照本章后面附录中的"强化训练(练习)的十步骤",复制后发给学生并与学生讨论。

专注具体步骤

学习者在这个阶段运用的策略,是把重点放在具体特定的步骤上,而不是任务的总体结果上。当学习者只关注最终结果时,他们会因无效的调整而变得不知所措和沮丧。当学生对明确的困难进行有意识地强化练习,或者明确知道应该如何进行纠正以达到设定的标准时,他们才更有可能达到熟练的程度。

自我调节学习力阶段4：放手

经过充分的练习后，学习者进入自我调节的最后阶段，教师给学生完全自主学习的权利。在这个阶段，学习者自信地应用策略，并能够决定使用哪种策略以及何时实施策略。他们能自我监督并知道优秀的标准，因此能够随时进行必要的调整。每次做出成功的调整后，他们都有内在的动力来支撑他们继续努力奋斗。在这个阶段，他们变得更加注重绩效而不是注重流程，挫折并不妨碍他们的努力。自主学习者能够根据他人的各种提示来调整自己的表现。

在放手阶段，学习者能够形成自己的风格，并在平时的实践中积极地应用。尽管这个阶段中他人给予的支持大大减少了，但学生仍然需要社会的支持以加强自我调节，比如被祝贺或者被表扬学习出色。自我调节的学习者会主动寻求帮助，发现最有效的资源，获取短暂的支持。在情感方面，具有自我调节力的学生注重学习的内在本质。他们通过积极地展望来维持成功的感觉。

自我调节的学习者知道如何调整情绪反应以适应情境，并且能够避免在消极情绪上花费太多精力。错误和失误在所难免，他们不会让这些限制条件控制他们的情绪反应。自我调节的学习者会运用元认知行为作为熟练掌握知识的工具。随着工具应用于学习，学习者能够评估并证明自己熟练使用这些工具。尽管在这个阶段可能会出现各种限制条件，但自我调节学习者能够自主思考来克服限制条件或者集中精力改善限制条件。

实现学习自我调节的四个阶段不断发展，但并不一定按顺序依次发展。学习者可能会在特定阶段停滞不前，或者后退，或者从一个阶段快速跳到下一个阶段。每一个自我调节学习者的学习过程是不同的。然而，教师和其他成年人应该在学生的学习生活中确定学习者的学习状态正处于哪一阶段，以及确定阻碍他们提升到下一个阶段的障碍，并通过平衡三个维度的因素来不断强化学习者。研究发现，"按顺序掌握每种技能水平的人会更容易和更有效地学习"（Rogoff et al., 2003）。

实践阶段：人物描绘比较

接下来是两个学生在自我调节模型中不同阶段的总体情况。简要描述之后分别对孩子能够拥有更大的自主权给予了积极的建议。

汤米（Tommy），八年级，13 岁

上了中学的汤米，同龄人和教师都很喜欢他。尽管他的成绩低于班级平均水平，但大多数教师都相信他只是没有挖掘出自己的潜能。在小学时，汤米参加每周一次的精英课外培训活动，在那里他参与了许多未列入常规课堂学习的兴趣项目。不过，中学没有给这样天赋好的学生提供类似的活动项目。通常情况下，教师会为这些学生提供额外的项目，或要求他们完成不同于其他学生的任务。而汤米的成绩低于平均水平的原因是：他没有在规定的时间内完成该做的作业，经常忘记自己的家庭作业，而且他花费太多时间做与学习任务无关的事情。

自我调节力

情感上：汤米没有动力去做要做的事情。

行为上：他缺乏条理，在课堂上很少做笔记，没有使用有效的学习策略。

认知上：作为一个聪明的年轻人，他很少被要求提出或回答高于应用水平的问题。

分　析

在汤米早期的学校教育中，他可以参加针对有才华的和禀赋高的学生的自我导向课外活动，这时他能较为独立地学习。然而，当他成为少年进入中学时，却变得没有条理，对课堂内的活动没有兴趣，表现不佳。汤米的问题出在两个方面：

1. 在小学，汤米通过基于兴趣的学习获得了鼓励，以培养自我调节的

策略。教师培养了他较高的能力，激发了他深入学习的欲望。中学阶段几乎没有为他提供提高知识水平的兴趣活动，他的学习内容已经不止是较低水平的内容。

2.汤米正处在青春期的发展阶段。青少年大脑里的神经系统发生变化，导致其条理性成为问题。与社会化和身份发展相比，事情发生的具体地点和时间变得不那么重要了。对于青少年来说，不稳定的行为是很自然的；他们的神经发育情况与学龄前儿童相似。教师可以通过运用和强化基本策略、明确指导方法，以及每天简化管理结构来支持他们的学习。

建　议

显然，汤米又回到了培养自我调节力的早期阶段。基于在学习高级知识方面的领先优势，他很可能会对有趣的学习设计做出更多的反应。教师应该设计这样的活动，这不是"更多的工作"，而是有必要的、能够吸引学生参与的兴趣活动，以这样的活动来扩展他的知识。在这些活动中，他还需要经历被支持的阶段和放手阶段。利用这种方法，教师将增强他的情感（动机），使他的行为（目标设定和工作完成）与任务相匹配，并利用他的认知（建立更高级的思维水平的需要）。他也将受益于直接模仿有组织条理性的学习、做笔记和各种学习策略（起步）。教师应该监督他每天应用具体策略，直到他精通策略的运用（从干预走向放手）。监督应该包括学校内外，让家长充分参与这一过程。在多代同堂家庭环境中的学生可能会在学习不同家庭的规则/规范的时候遇到困难，并可能在培养自我调节策略时需要更多的支持。

奥利维亚（Olivia），五年级，10岁

奥利维亚和她的外祖母、父亲、母亲和弟弟妹妹住在一起。奥利维亚和她的兄弟姐妹可以在学校吃免费的或减费的午餐。她的父亲在木材厂工作，她的母亲和外祖母在家外面经营一家小型的育婴中心。在学校，奥利维亚有一些亲密的朋友，教师发现她是一个专注的人。她倾向于做被分配到的事，并遵循课堂的指导和规范。她在标准化评估的得分是中等水平。

奥利维亚喜欢阅读、听音乐，和朋友待在一起。她梦想成为一名医生，并且知道她得努力学习去实现梦想。她同样知道她必须在高中取得优异成绩才能获得大学的奖学金，因为她父母无法提供很多的经济支持。

自我调节力

情感上：奥利维亚梦想成为一名医生，以此驱动认真学习并且对自己感觉良好。

行为上：她相信自己可以通过学习到达目标，她每天晚上都会学习。

认知上：教师为奥利维亚拓展思维提供了选择。因为要为心仪的工作而奋斗，她知道自己必须比同龄人更努力学习。她明白自己不会每次都得到正确的答案，但挫折并不能阻止她一次次的尝试。

分　析

奥利维亚受益于她家多代同堂的家庭环境。看到父母和祖父母努力将家里安排得井井有条，以最简单的方式与艰难生活的斗争，她从中获得了自信。她像榜样一样，拥有成功的内在力量。她已经建立了长期的目标并且专注于追求更好的自我。虽然奥利维亚是一个普通的学生，如果她继续努力和保持专注，她可以用自己的方式来实现梦想。

建　议

奥利维亚在情感方面表现出了较高水平的自我调节（支持放手）能力，但可以借鉴学习策略和直接式关注发展思维技能。她在如何学习（行为维度）和展现不同思维方式（认知维度）中表现出较低水平的自我调节（干预）能力。为了激发她内在的动力，教师可以为她提供图形组织的模板，帮助她整理自己的思维，并专注于具体的学习目标。教师应该把她"我能做到这一点"的态度和学习的内容、习惯联系起来，以提高她学习方面的自我调节水平。

本章小结

本章讨论了自我调节的四个阶段（起步、干预、支持和放手）。培养自我调节学习者自主学习模式的三要素（情感、行为、认知）相互交织，十分重要，三要素应该平衡发展。自我调节四个阶段是依次进行的，但这并不意味着每个孩子都会循序渐进地发展。自我调节表现为一个非线性过程，它是曲线的和循环的，可以倒退回早期阶段，再按顺序发展。记住，所有的学习者都是不同的，在发展过程中都需要个性化。

附录：

强化训练（练习）十步骤

强化训练是你学习如何面对困难时必要的工具。强化训练是重复的，并且会持续一段时间。重要的是你不会由于练习而过度沮丧或疲劳。请记住，强化训练不是"速战速决"，有时它可能会让你感到艰难，但坚持下去会让你变得更好！以下是强化训练的十个步骤：

1. 无论是口头表述还是写下步骤，将所需的技能分解成单一的部分。
2. 准确地找出在这个过程中你遇到困难的步骤。
3. 确定该步骤可能导致问题的原因。
4. 思考具体的方法来改善问题。
5. 集中精力一步一步去做。
6. 每轮练习之后，通过检查自己的工作或让其他人检查的方法获得反馈。
7. 必要的话，改变你解决问题所用的方法，这样你可以继续追求成功——强化训练是很疲惫的，必要的时候可以休息。
8. 重复步骤5、6。
9. 将强化练习记录在日志图表中。反思过去的表现，以确定练习是否有成效或是否有地方需要调整。
10. 庆祝成功并且制订如何去避免一些反复性错误的计划。

取自理查德·卡什《自我调节课堂》（Self-Regulation in the Classroom by Richard M. Cash, Ed.D），2016版。本页可供个人、课堂或小组作业复制。如有其他用途，请联系Free Spirit Publishing Inc.授权，网址：www.freespirit.com/。

第 3 章

学生参与学习

> 教育的目的是让年轻人做好在一生中进行自我教育的准备。
>
> ——罗伯特·M·赫钦（Robert M. Hutchins）

先前的章节讨论了自我调节学习力的概念和各发展阶段。为了让学生成功发展自我调节力，他们需要积极参与学习（engaging in learning，Eil）。本章将把自我调节的四个阶段（起步、干预、支持和放手）与参与学习的四个阶段相融合，以矩阵的形式让学生和教师直观地了解这个过程。

影响自我调节学习力的因素

学生对学习的参与程度取决于心理学家阿尔伯特·班杜拉（Albert Bandura）提出的在发展自我调节过程中的三个重要因素（Bandura，1986，经 Pajares and Schunk 确认，2001）：

1. 学习者对自身的感受（自我信念）和他们的学习能力（自我效能）会强烈地影响他们学习的动机。

2. 随着学生进入青春期和中学阶段（10—18 岁），他们的自我信念和自我效能普遍下降。

3. 根据先前的学习经历、社会压力和不同的神经偏好，性别差异可能会影响整体学习。

影响自我调节学习力的因素详见图3.1。

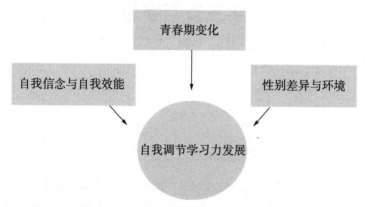

图 3.1　影响自我调节学习力的因素

自我信念与自我效能

自我信念是指人们如何看待自己以及对自己能力的自信程度。自我效能是指一个人接近目标、为目标而工作并最终实现有价值目标的能力。班杜拉解释了自我信念（信心）与自我效能的区别（Bandura，1986）。自信是对个人的接受，无论这种接受是积极的还是消极的。例如，认为你不擅长数学，并且可能在课堂上得分不佳就是你的自我信念。而自我效能是一个人基于以往经验，知道需要付出多少努力才能达到不同水平成就的信念。自我效能更加具备积极导向的性质。在面对一项新任务时，具有较高的自我效能水平的学生将拥有先前的成功经验，并且很可能会想："我能做到这一点，因为我过去成功过。"自我信念和自我效能都直接关系到自我调节技能的获得和学习成绩的提高。增强自我信念和自我效能的策略请参阅第4章。

青春期变化

从小学到中学，以及进入青春期的过程，标志着学生思维方式的转变。

总的来说，青春期是大脑成长和发展的重要时期。根据皮亚杰的人类发展理论，学生的认知水平正在从具体化到抽象化发展；青少年开始将个人生活经历联系起来，并将其推广到更广泛的理解视野（Piaget，1937/2013）。青少年的思维能力发展更加成熟，如批判性思维、逻辑推理思维、解决问题的能力和控制冲动情绪的能力都得到了发展。然而，这种转变并不容易，也无法快速实现。这是一段不可预测的情绪波动、注意力转移、非理性行为的时期，这个时期，学生成绩很有可能下降。

性别差异

班杜拉确定自我调节发展的第三个特点是性别差异的影响。科学界对于性别如何影响学习和行为的争论仍在继续。然而，运用更先进的科学技术进行研究，结果显示，性激素对早期大脑发育的影响以及环境对男孩和女孩的不同影响，可能会引发他们用不同的方式学习。一般来说，女孩更倾向于通过口头和听觉（听）过程进行学习，而男孩可能更喜欢通过运动（动作）和视觉/空间过程进行学习。此外，荷尔蒙的分泌还会引发一些性别特异性行为，例如男孩的愤怒和侵略性行为以及女孩的发育现象。但是，似乎还没有证据表明性别差异对整体智力的发展有影响（通过智商测试来衡量）。每个人都有自己的优势和局限性，这些优势和局限性是由我们的个体所决定的，而不受性别的影响（Hearn，2004）。

环　境

周围的环境，包括社会地位、经济状况、文化和历史的发展，对学习成果都会产生重大影响。另外，几乎没有研究证明某一部分人一定会比另外一部分人更聪明（智商上），家庭富裕的孩子比家庭收入一般的孩子在学校表现更出色。但是由于人类的优势和局限性是自然存在的，环境对这些优势和局限性的影响是潜移默化的。为了增强优势，我们需要挑战、智力刺激和个体关怀，在面对困难时得到有力支持。为了限制局限性带来的影响，我们需要在学习过程中得到教育，在全力以赴时得到鼓励，并在情感上得到支持。

参与学习的四个阶段

教师和学校如何通过合理安排教学来提高学生们的自我调节力？纽约城市大学教育研究专家、杰出的社会认知研究学者齐默尔曼及其同事（1996）描述了学生如何通过参与学习过程来发展自我调节力。学生经历四个相互关联的学习阶段，以培养更多的自我调节意识。这四个阶段都是周期性的——每次学生顺利完成这些阶段，他们的自我调节力都会提高（见图3.2）。

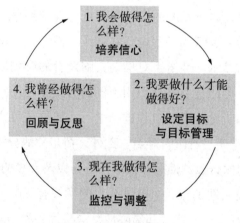

图 3.2　参与学习四阶段

参与学习的第一阶段：培养信心

在学生参与一个任务前，他们必须对自己成功完成任务的能力有信心。这对那些缺乏自信或者成功感的学生来说很难，在这种情况下，教师必须创新教学活动、合理安排，以培养学生学习的信心。这也是教师授权学生自主学习的阶段。

班杜拉（Bandura，1986）表示，当培养学生信心时，教师必须注意到学习者的情绪状态。正如前面章节提到的，学习者对情况的把握决定了他们专注的焦点。学生需要获得帮助，识别在不同学习情境中的情绪反应，以及如何调整自己的反应,以便在进行学习任务时更加从容。

在学习的开始阶段,学生需要反思过去的表现和先前的知识经验,以便更好地学习。对于陷入困境的学生来说,这个初始阶段可能会使他们感觉很失败,因为他们回想不到过往的正向表现或成功的经历,所以他们不知道该怎么思考(认知)、如何行动(行为),或者无法感受到(情感)成功的感觉有多好。这一阶段是学习过程中最重要的阶段——让学生能够对自己建立信心。

教师通过帮助学生认识自己的情绪状态,着手培养学生建立自信。通过建立积极的学习环境,让所有学生都受到尊重并受到鼓励,教师可以帮助学生增强对自身经历的自信。

在第一阶段,通过培养学生的自信来提高自我效能同样很重要。自信与学习者的情绪状态密切相关。自我效能从自信中发展而来。当学生觉得他们有完成任务所需的技能或学习工具时,他们更有可能以富有成效的思维方式来完成任务。学生在参与活动之前需要学习判断自己技能的发展情况和是否具有完成任务的能力。

建立积极的自我信念和自我效能

帮助培养自信的有效策略是让学生在开始任务之前完成一些可视化活动。在这项活动中,学生要么躺在地板上,要么闭着眼睛舒适地坐在办公桌旁。用一种舒缓的声音,让学生想象一个安静的地方,这个地方可以是他们的卧室,可以是他们小时候建造的堡垒,也可以是正在行走穿越的树林。然后问他们在这样安静的地方感觉如何,把这种感觉留存下来。接着,让学生回忆对自己的表现感到兴奋或者他们完成了一件最初很困难的事情的时刻。之后,请他们捕捉成功的感觉并记住这种感觉。让学生睁开眼睛,回忆平静和成功的感觉。告诉他们"这就是你们成功完成任务时的感觉"。

其他培养自信的方法有:

◇在课堂上提出并保持可接受的学习行为。

◇对学生采用非对抗性的风格——不要陷入权力斗争!

◇使用肯定性语言而不是惩罚性语言("贾马尔很专注现在的任务!"

而不是"萨拉，专心完成任务。"）

◇让学生有时间去解压，玩有趣的学习游戏，或在完成困难的任务、活动或测试后讲个笑话。

◇拒绝参与公开辩论——不要让学生"生气"。如果学生与你有分歧，请把学生请到一边来讨论。

为了增强内在动机和自我效能，学生需要特定的思考工具或思考习惯。当学生意识到获得成功的途径时，他们就可以完全依靠自己来完成任务了。直接讲授具体的思维习惯（如求同思维和求异思维）以及读写技能都可能强烈地影响学生在从事学习任务之前的感受。在课堂内嵌入思维性的活动，有利于更好地培养学生独立思考的能力。

最后，提供一个不断支持学习发展的课堂结构，对于促进学生积极应对困难任务和建立更强的自我信念和自我效能是必要的。学校应该成为一个鼓励知识探索、尊重"错误"答案、信息收集方式多样化的地方。教师应该是树立积极学习环境标准和坚持价值观的人，同时也是探索知识、充满好奇心和努力工作的支持者。在学习之前为学生授权的具体策略和办法可以参见第 4 章。教导学生如何培养思考的习惯可以参见第 5 章。

参与学习的第二阶段：设定目标和目标管理

一旦学生对学习有了信心，他们就会制定一个计划或者目标，而这对许多学生来说都有一定的困难。一旦学生制定了目标，就要学会如何管理和实现目标（详见第 6 章目标的具体案例）。学生可以用表 3.1 所提供的方法来帮助自己避免类似于手机、网络、推特（社交平台）之类的干扰。第 7 章将会强调在实现目标的过程中如何保持专注的策略。

表 3.1 避免干扰的八个策略

1. 设定工作时间限制——15～20 分钟连续工作不中断。
2. 体力上休息——不超过两分钟。有益的体能锻炼：原地跳跃、俯卧撑、跳舞。

续表

3. 如果学习时听音乐，请确保音乐舒缓无歌词。大脑同时处理多位信息会很困难。带有歌词的音乐迫使大脑进行多任务处理，这是一种低效的学习过程。
4. 确保你在正常光线下学习。如果你正在阅读，照明越直接越好。阳光是最好的！
5. 在清爽的空间中学习。摆脱杂乱无章，让大脑专注于当前任务，而不是周围的混乱。
6. 改变学习地点，促进思考。研究发现，当经常改变学习环境时，大脑会增强信息的记忆能力。无法预习得的信息在何时何地需要使用，简单地改变环境并不会影响学习内容信息的变化，信息不依赖地点依然独立，但改变环境会影响大脑的记忆。
7. 当你把整个时间花在家庭作业上时，奖励你自己额外的五分钟玩玩电脑或吃最喜欢的饼干。即使还没有完成作业，也要在坚持学习了一段时间之后奖励自己。
8. 花点时间反思在学习时间里，什么是有效的，哪些是不起作用的。记录你下次会做什么或不做什么。将这些想法作为提示贴在学习区域。

参与学习的第三阶段：监控与调整

参与学习的第三阶段要求监督学生成功的过程。使用形成性评估的手段是一种很好的评价方式，可以将学生对外在奖励（等级/证书/奖杯/披萨派对）的渴望逐渐转移为对实现成功的内在渴求。这种方式会在整个学习过程中向学生提供形成性反馈。形成性反馈最有益的类型是描述性的，它不仅只是称赞"做得好"或"做得很努力！"

描述性反馈的特点是：

◇贯穿在整个学习过程中。

◇与学生的学习进度同步。

◇明确地关注技能发展和理解能力培养。

◇坚定地向目标迈进。

◇具体到某一个任务或表现。

◇循序渐进（不要一次太多或太少，这样没有意义）。

◇赞扬成功道路上的付出，以发展成长心态。

更多关于监督和调整的办法参见本书第8章。

参与学习的第四阶段：回顾与反思

参与学习的最后阶段是反思阶段（我要做多好才算做得好？）。总结性评估（学习的最终产品或学习时期的终点）用于帮助学生思考学习策略和学习行为的有效性以及阐述他们成功的感受。

教师可以通过反思以下问题来激发元认知：
◇在这个学习过程中我在思考什么？
◇我明确了解他人对我学习上的期待吗？
◇我在哪些方面积极或消极地运用过自我对话？
◇为什么教师要求我去考虑不同的观点？

学生可以反思以下几点：
◇日志或周刊。
◇学习档案文件袋（质量好，质量差）。
◇小组谈话（规模从大到小）。
◇教师的辅导（两到三名学生与教师讨论他们的学习过程，教师提供改进的建议）。

最后，考虑使用提示的方法让学生更多地从成长心态中反思，比如：
◇写你今天学到了什么。
◇告诉同伴你今天犯了一个错误，让你学到了一些东西，又或者让你大笑。
◇描绘今天努力工作的内容。
◇与同伴分享一件你今天在学习中引以为傲的事情。
◇记录你今天在学习中改变的事情。
◇在推特（社交平台）上发布明天的具体目标。

当学生能够相信自己做得很好，并确定他们拥有成功所需的技巧、技能和资源，关注他们朝着目标努力前行的历程，并让他们反思在认知、行为和情感方面所做的事情，就会更有可能在未来的学习中取得成功。本书第 9 章包含更多关于反思过程的方法。

获得成功

成功这个词有多种多样的含义。字典里使用"完成目标""获得财富、地位或荣誉"或"取得有利结果"等短语来定义成功。简而言之,著名的心理学家罗伯特·J·斯腾伯格(Robert J. Sternberg, 1997)在《成功智力:实践性智力和创造性智力决定生活中的成功》一书中指出,成功是指"在旁观者眼中的样子"。解释成功就如同去描述一朵云,这是一个模糊的术语,难以下定义。但是,多年来关于如何实现成功的众多研究表明,成功由三个要素组成。成功是指我们的个人特征与持续的反馈相结合,实现了重要且具有挑战性的目标(图3.3)。

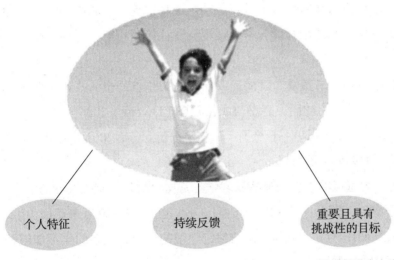

个人特征
◇ 能力/天资
◇ 渴望/动机
◇ 驱动/坚持
◇ 耐心/毅力/决心
◇ 自信/自我信念
◇ 自我效能
◇ 乐观/积极未来展望
◇ 责任感
◇ 自主/自控
◇ 促进型与预防型思维

持续反馈
利用反馈:
◇ 平衡内在与外在的动力
◇ 确保技能有效地完成任务
◇ 寻找达到精通的方法
◇ 获得胜任感
◇ 依赖同伴/社区/社会支持
◇ 利用以往的经验
◇ 寻求肯定支持
◇ 从错误中学习
◇ 找到敬佩的榜样

重要且具有挑战性的目标
◇ 目标促进个人进步
◇ 自我选择的目标
◇ 可实现的、有价值的、可到达的目标
◇ 能提供内在和外在的奖励
◇ 能引发开心的、有意义的、多产的结果
◇ 忍耐
◇ 引发自主性

图3.3 成功的要素

1. 个人特征。

成功的第一个要素是我们个人特征的分布。智商测试衡量表明,惰性迟钝对成功有一定影响。但是,正如斯腾伯格(Sternberg, 1997)的研究中所发现的那样,能力虽然能够带来更高的考试成绩,但它并不一定能帮助我们在生活中获得更大的成功。能力倾向,即拥有能力去做一些事情,这对我们未来的幸福和成功有更大的影响。要想成功,重要的是认识到各种能力需要不断地调整、改善或弥补。其他的个人特征,如:动机、欲望、动力和勇气也是取得成功的必要条件,这些将在第 4 章中进一步讨论。

2. 持续反馈。

无论学生的动机焦点是促进型还是预防型,这都决定了应该使用哪些方法进行持续反馈以帮助学习者取得成功。这种反馈平衡了内部和外部的动机来实现目标。反馈也有助于学生认识到哪些策略可行,哪些策略需要调整。

促进型或预防型的展望。以促进或预防为关注点的想法描述了两种学习动机,类似于德维克的固定心态与成长心态(Dweck, 2006)。哥伦比亚大学著名心理学家 E·托里·希金斯(E. Tory Higgins, 2001)指出,动机焦点会影响我们如何实现目标。

以促进型为重点的学生是那些发现学习是愉快的且具有挑战性的学生。他们尝试新事物,因为新事物吸引他们,他们使用应对策略来克服失败,并运用错误案例作为学习工具。他们肯定学习的价值,更多的学习能够帮助他们承担风险,而且学习是可控的。

预防型为主的学生觉得学习不在他们的控制之中。因为他们曾经失败过,并且认为那些困难已超出他们的能力范围,他们害怕学习过程并且逃避工作中的挑战。预防型为主的学生使用障碍策略来保护自己的情感、行为或认知。这些学生认为学习活动非常冒险,他们不值得为了应对所面临的挑战而付出努力。表 3.2 对促进型为关注点和预防型为关注点的差异进行了清晰的比较。

表 3.2　促进型为关注点与预防型为关注点的比较

促进型	预防型
在自我掌控中学习	学习超出自我掌控
面向未来	面向现在
成功驱使	恐惧失败
成长心态	固化心态
运用解决策略	使用障碍策略
把错误当作学习工具	恐惧犯错
解决问题为中心	情绪／生存为中心
适应目标就是实现目标的过程	适应他人设定的目标，以获得奖励或避免惩罚
寻找学习的意义和价值	不思考学习的意义或价值
直面失败	避免失败或让失败困住自己
避免胁迫	容易听命
避免分心	容易分心
聚焦问题解决	恐惧问题解决
灵活多变	僵化应对
学术目标和非学术目标融为一体	学术目标与非学术目标相互竞争
掌握为导向	绩效为导向
将目标实现视为个人的进步	视他人目标为自己的威胁
坚持不懈	轻易放弃
寻求别人帮助	过分强调帮助
付出努力	不想努力
学习行为灵活调节	学习行为僵化被动

续表

促进型	预防型
我这么做是因为：	我不这么做是因为：
——尝试中有刺激感	——参与有危险
——我享受这个任务	——这是冒险行为
——我有驱动力	——我感到害怕
——这值得花时间	——会花太多时间
——目标达成有意义	——不值得这么做
——我喜欢挑战	——太难或者太具有挑战性
——我喜欢挑战自己的极限	——这超出我的极限
——我能成功	——我已经失败过，还会再失败
——即使曾经失败，我还会再试一次	

促进型为关注点的学生更多地倾向于考虑可能性，而预防型为关注点的学生则更多地考虑个人行为所带来的后果。这种"远与近"的愿景带来了两种不同的反馈方式。对于以促进型为关注点的学生，采用积极地反馈可以对学习产生重大影响，并持续增长信心、开阔发展前景。然而，对于预防型为关注点的学生，反馈往往体现在他们对需要完成的工作所需的持续努力，以及避免产生不良后果所需必要的警惕。第8章将提供更多关于以促进型为关注点和以预防型为关注点的学生学习的反馈策略。

3. 重要且具有挑战性的目标。

实现成功所需的最后一个要素集中在目标设定上。学生必须拥有自由和控制力来制定对于自己有价值的目标。目标必须是能实现个人抱负的、值得的、可实现的、有益的。奖励既是实现目标的内在力量，也是实现目标的外在力量。实现目标不仅应该使我们自身感觉良好，而且还应该产生对自己和其他人有持久性影响的结果。此外，精心设计的目标会使学生在学习过程中拥有更大的自主权。关于目标设置的完整解释可以参见本书第6章。

培养自我调节学习力的阶段矩阵

如果你已经理解了参与学习的阶段如何促进自我调节阶段的发展，"培养自我调节学习力的阶段和矩阵表——教师表格"将帮助你指导学生达到更高的自主学习水平。矩阵是识别儿童可能在学习的哪个方面遇到困难的有用工具,并提供了在课堂上采取相关行动的建议。

当学生的课堂问题超出教师的能力时,矩阵还是有用的。大多数学校都有一组教师、社会工作者、学校心理咨询员、特殊教育工作者和管理人员,他们会定期开会讨论个别学生的问题。该矩阵可用于识别学生处于自我调节的哪个阶段以及学生在哪个阶段最困难。由于自我调节学习力在整个学习阶段中并不是平衡发展,因此在不同阶段采用不同的策略是必要的。

使用"培养自我调节学习力的阶段和矩阵表——学生表格"可帮助学生在学习中变得更加自主。在引入参与学习阶段时,教师可以一次涉及一个阶段,突出显示自我调节学习力的四个阶段,以便学生可以根据学习时的感受,自行选择自己处于学习的哪一个阶段。例如,如果你刚刚开始讲授某个单元,请为学生提供"培养自信"的模式。教师可以为每个学生确定他们在哪个阶段,或者让他们自己选择;还可以让学生使用矩阵来找到单元学习之初时要采取的行动。如表 3.3 所示。

表 3.3 学生培养自信举例

		自我调节学习力的阶段			
		起步 (示范 & 观察)	干预 (模仿 & 行动)	支持 (练习 & 改善)	放手 (运用 & 独立)
参与学习	培养自信	在课堂上找到能让自己感觉良好的人和事。你只有相信自己,才能学到最好。	花时间尝试新的策略或技术。不要害怕去问教师或者其他人问题。	你在教师和其他人的帮助下已经做得很好了。现在你该自己去尝试了。不要害怕犯错——这是我们学习的过程。同时,尝试不同的方法做事,让自己做得更好。	现在你可以独立运用策略。你有时需要指导或者帮助,是时候自己独立完成任务了。

本章小结

本章专注于自我调节的过程。要掌握自我调节技能，需要注意三个方面：自我信念和自我效能；青春期变化；性别差异和环境的作用。参与学习的四个阶段为：培养学习者对良好表现的信心、设定和管理适当的目标、监控并调整学习技巧以及回顾与反思。实现成功的关键是个人的责任感、对持续性反馈的需求以及制定有价值的目标。最后，提供了"培养自我调节学习力的阶段和矩阵"表格，供教师和学生使用，以提高学习的自主性。

附录：

培养自我调节学习力的阶段和矩阵表

——教师表格

		自我调节学习力的阶段			
		起步 （示范 & 观察）	干预 （模仿 & 行动）	支持 （练习 & 改善）	放手 （运用 & 独立）
参与学习	培养自信	教师创造一个学习环境，使所有学生有信心学知识和去创造。	教师给学生提供机会拓展知识和发挥创造。学生知道自己和他人的优势与局限。	学生将创造性和批判性思维的学习行为付诸实践。教师支持学生建立、激活或讲解已有知识。	学生独立地将产出行为的思维技能和习惯付诸实践。教师作为咨询建议者。
	设定目标	教师示范如何设定目标。学生和教师一起填写组织结构图。	教师给学生提供关于目标设定的组织结构图。教师对照组织结构图检查学生的学习。	学生完成组织结构图或制作自己的目标图。教师检查其逻辑。	学生不依赖教师，独立设定目标。学生在必要时向教师寻求帮助。

续表

		自我调节学习力的阶段			
		起步 （示范 & 观察）	干预 （模仿 & 行动）	支持 （练习 & 改善）	放手 （运用 & 独立）
参与学习	监控目标	教师示范如何监控目标的达成。教师使用预评估来帮助学生识别优势和局限。	教师提供即时描述性反馈来支持学生。学生根据教师创建的形成性评估来监控目标。	学生使用日常练习进行目标监控。学生与同学或教师交流，以衡量目标的进展情况。	学生使用各种形式的反馈（评估、讨论、指导）来监控目标进度。如有需要，可求助教师。
	反思目标	教师对目标实现进行总结性评估。	教师给学生时间去讨论和反思学习。学生在反思中记录想法。	学生会根据学习过程提出自己或同伴的问题。教师可以发起对话。教师协助学生收集材料，量化和质化学习成果。	学生以最适合的形式记录学习情况。根据目标实现的情况，学生开始为未来的成功制订计划。教师担任顾问。

取自理查德·卡什《自我调节课堂》，2016版。本页可供个人、课堂或小组作业复制。如有其他用途，请联系Free Spirit Publishing Inc. 授权，网址：www.freespirit.com/。

培养自我调节学习力的阶段和矩阵表
——学生表格

		自我调节学习力的阶段			
		起步 （示范 & 观察）	干预 （模仿 & 行动）	支持 （练习 & 改善）	释放 （运用 & 独立）
参与学习	培养自信	在课堂上找到能让自己感觉良好的人和事。你只有相信自己，才能学到最好。	花时间尝试新的策略或方法。不要害怕去问教师或者其他人问题。	你在教师和其他人的帮助下已经做得很好了。现在你该自己去尝试了。不要害怕犯错——这是我们学习的过程。同时，尝试不同的方法做事，让自己做得更好。	现在你可以独立运用策略。你有时需要指导或者帮助，是时候自己独立完成任务了。

续表

		自我调节学习力的阶段			
		起步 （示范＆观察）	干预 （模仿＆行动）	支持 （练习＆改善）	释放 （运用＆独立）
参与学习	设定目标	密切关注教师如何设定目标。教师将和你一起经历这个过程。	利用教师提供的材料和组织结构图来设定目标。不要担心以自己的想法设定目标。	你已经在帮助下完成了练习，你应该能够制定自己的目标。与教师联系，确保目标具有挑战性。	你能够在没有帮助的情况下设定目标。你可以和教师或者同伴交流以确保目标有意义、有产出。
	监控目标	教师会经常问你，检查你的目标完成进度。这是一件好事。他或她可以在你需要时帮助你调整目标。	注意教师对你学习进度的反馈。这些信息将帮助你继续进行并实现目标。	务必与教师或同伴一起检查你达标的情况。考虑使用哪种策略比较好以及应该调整哪些策略。	不断思考从教师和同伴那里得到的反馈。与他们约定以帮助监控你正在做的事情，并思考采用更有效的行动。
	反思目标	教师会提供有关你学习上的信息。当你想知道你做得如何以及如何能变得更好时，可以用到这些信息。	利用这段时间与同伴和教师讨论你的表现以及下次想要改变的内容，请他们提供帮助。	设定一个时间与教师或同组会面，以了解你的学习情况和感受。在计划下一个学习过程时，请考虑他们的想法。	根据整个学习过程中收集的数据，思考你的表现，具体说明哪些进展顺利，哪些需要调整。记录你的成功之处和需要调整之处，以便为下一个学习过程做好准备。

取自理查德·卡什《自我调节课堂》，2016版。本页可供个人、课堂或小组作业复制。如有其他用途，请联系Free Spirit Publishing Inc. 授权，网址：www.freespirit.com/。

第 4 章

在参与学习中培养信心

> 学习并非偶得，必须用热情的姿态去追求，并以勤奋的态度来对待。
>
> ——阿比盖尔·亚当斯（Abigail Adams）

前一章描述的是进行自我调节的过程，在培养自我调节力之前，学生必须对开展自主学习的能力具有信心。本章为构建和塑造学生的情感力量、自我信仰、信心和自我效能方面给予认同和支持。"培养信心"融入学生参与学习过程的第一阶段（参见第3章），贯穿了自我调节学习力四个阶段中的每一个阶段，同时为自我调节的起步、干预、支持以及放手这四个阶段提供策略和方法。

情感的作用

有一项重要的研究表明，学生的情绪状态对他们的学习内容以及方法有很大的影响。关于大脑的基础研究显示，要使大脑能够产生更高层次的认知，学生必须动用超越确保生存功能的那部分大脑。这种"生存水平"的功能（战斗模式或逃避模式）是在学生害怕（教师、同伴、教学内容）的情况下大脑的运作方式，感觉上如同被抛弃或者对学校环境不适应，又或者缺乏基本的生活必需品，如食物或适当住所。

情感往往在行为反应、决策、记忆和人际交往中起着重要的作用。情感反应会产生积极和消极的两个结果。不恰当的情绪反应会导致心理不稳定、社交困难甚至生理疾病（Gross and Thompson, 2007）。下面我们快速回顾一下"情绪"和"感受"这两个术语。虽然我们经常交替使用这两个术语，但它们之间有着显著的区别，我们必须先帮助学生学会学习，进而才能进行管理。情绪是大脑边缘系统（中脑）的一种化学反应，它是大脑和身体其他部位的信号反应。"做事情"可以是注意、奔跑或避免。化学信号是大脑对外界刺激、想法或记忆的无意识反应。这些化学反应，比如释放压力荷尔蒙，会让你反应更快，其他的反应可以让你平静下来。情绪在大脑中产生出来，一个人的情感是不由自主的——你会感觉到大脑中的化学反应，而你对这种感受的反应却是另一回事。

"情感"一词可以有多种含义，包括身体的物理反应（比如你被炉子烫伤或者被切伤时感到疼痛）到主观反应（比如对听讲座或看枯燥的电影感到厌烦）。就目的而言，当你认知到化学反应（情绪）时，情感就可以以外在的形式"读出"了，这就是我们在无意识的化学反应后的行为或思考。表4.1列出了描述情感的词语。

表 4.1　关于情感的词语

积极意义的感觉		消极意义的感觉	
高兴的	兴奋的	悲伤的	苦涩的
激动的	欢喜的	困惑的	生气的
有兴趣的	兴奋的	心烦意乱的	激愤的
满意的	热情的	沮丧的	好争斗的
乐意的	兴高采烈的	无助的	内疚的
坚定的	讨人喜爱的	消极的	敌意的
自信的	积极的	气馁的	优柔寡断的
令人愉快的	有生气的	恼怒的	不满意的

续表

积极意义的感觉		消极意义的感觉	
鼓舞人心的	渴望的	侮辱的	挫败的
乐观的	狂喜的	自卑的	害怕的
满足的	幸运的	痛苦的	恼怒的
欣慰的		疼痛的	

当情绪在中脑或边缘系统释放时,"感受"(feelings)是前额皮层的产物。因为前额皮层是大脑中最高级、复杂的地方,负责抽象思维和推理。研究人员发现,大部分情感都是后天习得的,但也是自然的。埃里克·延森(Eric Jensen,2009)解释说,我们有一系列的情感反应是基于过去的经历和情感反应,这对人类来说是很自然的。这与我们所弹奏的钢琴键盘很相似,自然的人类情感反应包括恐惧、愤怒和悲伤(低音调),喜悦、惊喜和快乐(高音调)。课堂上最大的挑战就是帮助学生在键盘中找到音乐的美妙之处,在此之中,他们将学习耐心、合作、宽恕和同情等情感方面的种种反应——所有这些对于成功的学习和充实的生活都是非常重要的(见图 4.1)。

改编自延森(Jensen),2009。

图 4.1 情绪反应的键盘

学生会以自己过去的方式或者他们觉得自然的方式对化学反应（情绪）做出回应。想想一个正在母亲身边蹒跚学步的孩子，如果这位母亲面对孩子摔倒而惊慌失措，那么孩子面对摔倒也会产生同样的恐惧感——这就是孩子的学习回应（这种模式来源于她母亲的反应）。相反，若是这位母亲能够很冷静地去帮助孩子，孩子也许只会因为摔倒带来的疼痛感而流泪，却并不会因此而对走路摔倒产生恐惧感。这类反应就是与记忆有关的化学反应。

对于有些学生来说，尤其是那些来自贫困家庭或生活压力很大的学生，在学习情绪反应方面相对会有一定的困难。缺乏反应学习的学生很容易在课堂上表现出来，比如在课堂上更可能表现出不耐烦的样子，做事情比较冲动，他们也可能对其他同学缺乏同情心，在适当的社交技能上也有一定的差距。由于他们在家中所观察到的榜样具有局限性，这样就会限制其行为举止在一定范围内的表现。

帮助学生培养更多的意识和情绪反应，有利于他们情感方面的成长以及提高自我调节学习力水平。分析学生在哪一个阶段（起步阶段、干预阶段、支持阶段以及放手阶段）需要支持，选择能辅助他们学习的最佳措施或者活动的类型。表 4.2、4.3、4.4、4.5 展示了支持情感发展的活动，建议在不同阶段采取不同的活动来提高学生自我调节学习力的水平。

表 4.2　支持情感发展的活动 1

利用马斯洛的需求层次理论，想想你在课堂上所使用的培养学生拥有更强、更恰当的情绪反应的活动类型。在学生需要更好自我调节的情况下，确定他们的发展和情感方向。以下是马斯洛需求层次结构与自我调节阶段的联系。
示范和观察 **在课堂上培养一种安全感**

续表

环境中的可预测性	安全感	情绪和管理的一致性	适应课堂环境
◇课堂规则/规范明确，所有学生都能遵守。 ◇学生能够获得时间表及相应的课程安排。 ◇学生能够明确课程目标。 ◇学生清楚赏罚分明。 ◇当计划安排发生变化时，学生有时间做出调整。	◇学习中允许犯错，不怕斥责。 ◇所有学生要学会肯定他人（不允许讽刺与贬低）。 ◇课堂环境鼓励互动（以组别为单位，学生面对面而坐）。 ◇所有学生能够感受到他人的支持与鼓励。 ◇表现出色的学生所付出的努力与取得的成就将会被张贴出来。	◇执行课堂规则/规范公平公正。 ◇制定课程评分标准，学生在进行课上讨论、小组活动，以及独立学习时要符合课程要求，鼓励学生的探索精神。 ◇在整个教学过程中教师要涉及课程目标。 ◇教师面对压力或者困难要沉着冷静。 ◇教师授课时自信而有条理。	◇环境舒适、宽敞。 ◇环境明亮（照明亮暗程度可调节——例如，当使用多媒体大屏幕时，一般照明调暗，当阅读时，照明调亮或有自然光。） ◇保持安静的环境学习。 ◇保持空气流通。 ◇教师鼓励学生保持良好心情，经常微笑。

表4.3 支持情感发展的活动2

模仿与行动 培养对课堂的归属感			
学会倾听	意识到彼此差异	知道如何表达自己	学会照顾自己和关心他人
◇教会学生倾听的艺术，让学生倾听彼此，比如：转述他人的评价。 ◇使用倾听技能，例如，要求学生复述他们从演讲或阅读中所获得的具体内容。	◇课堂上让所有学生谈论一下自己的背景。 ◇展示来自世界不同文化和地区的文物。	◇教会学生用最恰当的方式寻求帮助。 ◇教会学生如何用礼貌、不与他人起冲突的方式跟别人交谈。	◇每天表达你有多喜欢和学生待在一起。 ◇向学生分享你在家中或在社区里关心别人的方式。

续表

学会倾听	意识到彼此差异	知道如何表达自己	学会照顾自己和关心他人
◇探讨在讨论中或谈话时倾听的好处。 ◇帮助学生厘清他们在课堂讨论和对话中想要表达的意思。 ◇演示如何通过眼睛移动做出观察以及跟随说话者来表达对说话者的尊重。	◇介绍不同背景的著名人物、科学家、数学家、艺术家和政治人物代表。 ◇让学生互相认识。 ◇通过一些积极的活动让学生介绍一下自己的特长。	◇让学生通过各种各样的方式来介绍自己（可以采用口头、图形、图片和故事的形式）。 ◇为学生提供能够展示熟练能力、精通能力和竞争能力的方式。 ◇给予学生能够在小组活动或者大组活动中充分交流的时间。	◇与学习伙伴一起帮助学生学习。 ◇让你的学生与其他社区、国家、民族等通过网络社交软件或课堂伙伴认识的朋友进行联系、交流。 ◇通过教室里所养的宠物（可以是金鱼、仓鼠、蜥蜴）或者植物来培养学生的关爱之心和责任感。

表 4.4 支持情感发展的活动 3

实践与提炼 通过培养个人能力				
建立自尊与自信	了解自己的才能	保持一个积极乐观的态度	感知个体的重要性	为你的未来设定一个期望
◇教会学生如何去发现自己是否压力大或者情绪低落。 ◇利用一些放松的小技巧或瑜伽，来缓解压力或提升学生的精神。	◇通过提供不同的方法来完成项目和作业，让学生有机会发现自己的才能。 ◇让学生接触到不同的天赋领域，如编织、民族舞蹈、口技、木偶游戏或者游戏设计。	◇让学生通过记录什么时候以及为什么事情会进展如此顺利，来反思他们的态度对结果所产生的影响。 ◇产生积极态度的属性，例如： ——微笑； ——对他人友善； ——想想别人好的一面；	◇通过允许学生分享自己的故事来突出学生的独特品质。 ◇提供学生互相交往交流的时间。	◇允许学生谈论他们的梦想和对未来的渴望。 ◇为了促进乐观主义，向学生展示克服困难的成功人士。 ◇告诉学生可以做任何事情，只要他们放在心上并且为之付出了努力。

续表

建立自尊与自信	了解自己的才能	保持一个积极乐观的态度	感知个体的重要性	为你的未来设定一个期望
◇庆祝成功，无论成功多么微小或者看似无关紧要。 ◇教会学生如何优雅地接受赞美。 ◇帮助学生意识到承认错误也是一种学习的过程。	◇鼓励家长带孩子去博物馆、美术馆、体育馆、社区、文化活动中心、书店、图书馆或者进行课外活动。 ◇邀请成年人分享他们的兴趣爱好和特殊才能。 ◇展览海报，或者举出那些名人利用他们的才能去改变世界的例子。	◇以挑战而非害怕的态度去学习。 ◇教学生如何通过改变困难的处境来改变他们的态度。（通过识别感觉，用积极的想法代替消极的想法，适用积极的言语。） ◇幽默以及对学生持肯定态度的语言会让学生更加积极。 ◇通过帮助学生有条理性，增加他们的自控能力，让他们感觉更加积极。	◇禁止负面评论、骚扰行为或欺凌行为。 ◇通过将主题与其才能和/或兴趣相关联，帮助学生建立与内容的联系。 ◇允许学生自主安排讨论、活动或课堂秩序，来帮助他们掌控自己的学习。	◇让学生记录下对未来的期望并且保持乐观态度。 ◇向学生提供关于大学或大学以外的其他选择，如技术、酒店或烹饪方面的信息。

表 4.5 支持情感发展的活动 4

独立与应用 创造一种自主意识			
自我实现	精炼细化个人才能	提高注意力和坚持不懈的精神	惠及他人
◇支持学生成为最好的自己——而不是做得比别人好。 ◇帮助学生接受他们的优势和局限。 ◇帮助学生认识到他们什么时候该掌握自己的生活。	◇提供学生展示才华的机会。 ◇使学生的注意力放在提高自己的才能上。 ◇使学生通过独立完成项目和作业来提升自己的才能。	◇挑战学生去做一些长期项目，如课程总结项目或整理档案袋。 ◇提醒学生避免拖延时间，并通过使用"避免拖延+/-/？"的表格来提供可替代方案。（见第7章）	◇为学生提供安排/组织和参与社区发展或服务学习项目的机会。 ◇给学生提供辅导低年级学生的机会。 ◇让学生参与领导和服务组织，例如学生会、邻里参与小组、4-H或男孩、女孩的童子军。

续表

自我实现	精炼细化个人才能	提高注意力和坚持不懈的精神	惠及他人
◇鼓励学生继续学习和成长。 ◇允许学生拥有创造力、自发性以及挑战心理。	◇使学生的天赋与职业选择或创业机会联系起来。	◇运用时间设定、休息、自我评估和日常反思的学习技巧。（见第8章"10个重要的学习习惯"） ◇享受完成任务和出色完成工作的愉悦感。	◇鼓励学生在当地的餐厅、图书馆、老年活动中心，或社区中心进行志愿者活动。

激发学生兴趣

吸引学生学习的最有效方法之一是通过提供改变、新奇和有价值的努力和关注的机会来吸引或激发他们的兴趣（Hidi and Ainley，2008）。从这个意义上讲，兴趣始于情感方式，随着时间的推移，为了维持或增加兴趣，人们必须发挥认知能力和行为调节。对一个课题或主题感兴趣就会有动力去克服困难、障碍或防止分心。

如果一个学生对一个课题特别感兴趣，那么这个兴趣就会使学生：

◇在学习这个课题时集中精力；

◇选择一些有挑战性的课程或者课题学习；

◇坚持不懈；

◇达到更高的要求；

◇在学习中创造价值；

◇促进自我效能感的发展（表现能力）；

◇提高自制力和集中注意力；

◇专注于达成目标。

兴趣的培养与学习自我调节的发展过程相似。首先，学生必须体验一个触发情境，在这个情境中他/她会接触到感兴趣的话题，然后学生必须与保持兴趣并使其有价值的这种想法进行互动。在这之后，学生就会去实践感兴趣的课题，形成自己的方向，直到最终掌握了独立寻找更高层面的课题与想法的能力。

例如：

1. 教师通过邀请当地猛禽中心的工作人员和一些被获救的鸟儿到课堂上与学生进行互动，借此来激发学生对猛禽的兴趣。

2. 为了保持学生的兴趣，学生会去研究各种各样的猛禽，发现它们捕猎方式的一些残酷细节，比如：如何进行捕猎等。

3. 在发现有关猛禽的一些有趣的事实后，探索它们是怎样因为人类住房建设和人口入侵而失去栖息地的，学生决定了解更多关于如何帮助保护秃鹰和猫头鹰的知识。进而，这个学生就决定了与触发主题相关的自己感兴趣的课题。

4. 通过对这个课题的研究和投入，她联系了当地的自然资源部门，寻找保护鸟类栖息地的方法，并在网上发布信息，提醒公众如果失去秃鹰和猫头鹰会产生严重的生态影响。现在，她已经离开了外部触发的情境，找到了自己感兴趣的话题，并更详细地开始自己的研究。

想了解更多关于激发学生兴趣的方法可参见表4.6。

表4.6 激发学生兴趣的方法

◇问一些能激发学习兴趣的问题，比如： ——为什么周期会循环往复？ ——哪些情况下系统功能正常或者功能紊乱？ ——我们如何解决难题？ ◇在课堂里形成特殊的兴趣小组。这些团体可以基于广泛的想法（如体育、艺术、数学、科学、阅读、视频游戏等）或基于特定的主题。 ◇阅读与研究主题相关的文章（无论是时事新闻还是历史文献）。应用具有争议性、歧义性和争论性的短文章。 ◇使用基于问题教学法（PBL）。	◇通过播放短视频或者电视节目让学生接触到这些课题。 ◇通过让学生在某个领域里进行争论，继而让他们对某些课题产生兴趣（文学：莎士比亚真的写过他的剧本吗？数学：我们怎么用数学来考验人？科学：气候变化是神话吗？社会研究：移民是非法的吗？家庭与消费者科学：学校午餐食物中毒问题严重吗？） ◇实地考察时，学生能以真实的方式看到与课题相关的地方。在一个单元开始的时候，而不是在一个单元快结束的时候，去实地考察，可以预先让学生了解将要学习的内容，并且产生兴奋的感觉。

续表

◇基于问题教学法是一种非常激励和吸引人的方式，让学生通过问题来研究一个主题。这个过程从学生提问题开始。然后，教师组织课程，以协助方式来回答这些问题，并传授有关主题和课题的关键基础知识。 ◇把你要教的话题融入到与学生的日常对话中。这可以通过在教室内张贴问题来激发学生在各个领域的思考（科学和地理：冰岛的大规模火山喷发将会对你的生活产生怎样的影响？社会研究、文学和数学：如果你生活在哈姆雷特时期，你会做什么类型的工作？你每年能挣多少钱？） ◇玩一些与主题相关的游戏来减少学生的焦虑感。这在数学上尤其有效。 ◇在你的课堂设置学习中心，学生可以借此预览一些会遇到的课题。学习中心可以是教室里的真实场所，里面有与主题相关的材料和书籍，或者可以让学生体验与主题相关的活动。也可以是虚拟中心，能够播放视频，也可以玩游戏，而且还能反馈答案的准确性，或者还可以在电脑上标注出突出课题的页面。你也可以加入包括职业选择或与课题相关的课外课程。学生在完成作业后或在一天的开始或结束，或者在天气太冷／下雨／太热不能到户外休息的时候，去学习中心。考虑到真实场所的不固定性，可以在虚拟中心的教师页面上设置好书签记录。	◇邀请各个学科的专家到课堂，对这些主题如何应用于他们的工作进行讨论，能够成功地让专家进入你课堂的一个关键是这个人应该"看起来像"学生（或者现实中就是你的学生）。生活在贫困中或来自不同背景的学生可以在这些专家中看到自己的身影，这样他们才能知道自己也能取得成功。 ◇为学生提供实际参与学习内容的实践活动。为学生提供更加具体的内容可以帮助他们设想自己正在参与某项任务的研究过程，这可以包括提供学习的工具或者辅助解决问题的操作方法。 ◇从"大图景"开始。告诉学生你要去哪里，会发生什么事，以及你对于他们所要完成任务的期望值是什么。促进学生学习的概念性思想，而不是他们将要做些什么和要知道些什么。例如："在这一单元中，我们将试图了解是什么引起了人们的反抗。" ◇给学生提供一些他们有兴趣阅读的材料。枯燥无味的材料可能不会激发学生进一步阅读的兴趣。尽量从第一人称的角度或者从学生的视角去挑选阅读材料。 ◇允许学生以自己的节奏独立学习。有些学生想学新东西，而且更喜欢自学；有时候，团队合作可能会有压力，也可能不人性化。让学生单独学习，然后与小组或大团体分享自己的想法。

在学习中树立价值观

　　学生对学习活动的重视程度将决定他们努力的质量和程度，以及对成就的自我调节程度。学生对学习活动的重视比学生有自信能够完成任务的成功几率更大。换句话说，即使学生有能力在一项任务中取得成功，如果不重视这项任务,他们就可能不会参与并坚持下去。

学生更愿意去发现新的想法,并且尝试新的事物。但随着学生越来越成熟,他们会更加注意个人的兴趣爱好,这可能与学校所设立的课题不一致。他们会去发展更适合自己的学习方式,有时与教师想要的方式不同。随着学生进入初中和高中,参与学习的价值变得更加复杂。学习的价值在于一个人对于任务重要性的判断,如任务是:

◇可以达到的;

◇有趣的;

◇有用的。

让学生参与学习的一个重要步骤是帮助他们在学习任务中找到价值。评估学生任务的价值水平,明确他们可能缺乏价值感的地方,并明确地告诉学生学习任务的价值。

为了帮助定义学生的任务评估,请使用任务评估步骤图(图4.2)。第一步是要求学生确定他们对任务结果的控制水平。在学习过程中缺乏自我调节力的学生往往会感到失控,或者认为情境/环境或外部因素对结果有更大的影响。这些学生会经常处于"妨碍"或"预防"策略(如第3章所述)。如果是这样,教师应该帮助他们认识到行动(内部因素)对任务结果的影响比外部因素更大。

教师需要培养学生的自信,相信他们有能力完成困难或复杂的任务。一旦学生有了更高层次的自我调节力或控制感,他们就能确定一项活动是否具有价值(通过拥有的技能、兴趣程度、有用性或活动的价值),在任务中找到价值的学生就会做好参与学习的准备。请参见表4.7,以帮助学生找到发现学习任务的价值。

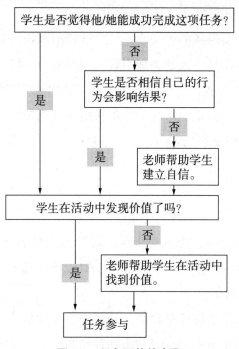

图 4.2　任务评估的步骤

表 4.7　帮助学生发现学习价值的方法

1. 构建对学生即时成功有意义的活动。演示此活动是如何直接与学习过程中过去或将来的学习活动密切联系起来的。
2. 活动应该与学生的兴趣、日常生活、时事、过去的经历以及其他的话题密切相关。
3. 学习任务对学生来说应该是真实的或可靠的，这样学生就不会觉得仅仅在忙于学习，而是通过学习获得一个有价值的结果。活动越真实，学生参与这项任务的可能性就越大。
4. 为学生提供选择，无论是做活动的方式还是做什么活动。当学生对自己的学习有掌握力时，他们会更加重视这项活动所需要付出的努力。
5. 保持学习环境的活力。课堂应该是一个快乐的学习空间、一个社区，并反映出合作的努力和真实的结果。
6. 用创造性的活动来告诉学生，不一定总是只有一个正确的答案或者一种正确的方法。
7. 告知学生学习目标，使学生明确知道该做什么，或从活动中能得到什么。使用让学生感到友好的语言，例如"我可以……"或者"我会……"。首先，以学生为中心而不是以教师为中心，并要确保每节课都有三个层次的知识（事实性、程序性和概念性）。

续表

8. 把讲课的时间缩短到 10 ~ 15 分钟。在每一段讲课之后，让学生通过讨论、写作或画出讲课内容的图片的方式来反馈学习内容。
9. 为学生提供与主题相关的趣味话题。这些可以是视频或文学（比如生活纪实文体）形式。
10. 使用产品或性能图示、图片和图像，激发学生去了解更多关于此项主题或活动的兴趣。

帮助学生建立自信与提高自我效能感

一个人对自己能力的怀疑是正常的反应。为了成功地完成一项学习任务，学生必须相信自己有内在的毅力去成功面对挑战。那些认为自己不能做某事的学生应该寻找一些证据来验证这些消极观点是否正确。事实上，不管成绩如何，他们都认为自己表现得不够好。只是当失败成为一种真实的可能时，积极自信的孩子会认为自己对挫折有韧性，能够克服障碍，并愿意再试一次。因此，自我信念对于自我效能的发展至关重要。

自信源于内心。一些学生认为自我价值是通过外部奖励来验证的，比如分数、文凭、证书、披萨派对和奖励贴纸。虽然严重依赖外部奖励对学习没有什么影响，但它对形成固定心态有很大影响。教师可以将这些学生从习惯性消极心态转变为更乐观、更满意的心态去实现学习目标。

保持乐观的步骤：

1. 认识到自己正在怀疑自己。
2. 确定怀疑自己的原因。
3. 在采取行动之前告诉自己，自我怀疑会导致消极的结果。
4. 用肯定的自我对话让自己振作起来：告诉自己你能做到。
5. 在活动中监控自我信念——避免消极，去发现你现在做得很好。
6. 反思自己进展顺利的事情，计划下次要改变什么。
7. 重新开始。

自我效能和成功的激励效应

弗兰克·帕贾瑞斯（Frank Pajares）说："研究结果已经证实了学生学习自我效能信念对他们的学习造诣有很大的影响，并独立于原有知识和技能，而且自我效能感还会调节这些知识、技能或其他激励因素对学术成果所产生的影响"。伴随着乐观的自我信念，学生必将培养健康积极的自我效能感。如前所述，无论这些能力是否对成功有着积极的导向作用（我相信会在这次考试中取得好成绩）或对失败有着消极的导向作用（我相信这次数学考试会不及格），自信都是对自己具有一定能力的信心。自我效能的核心就是在发展效能与成功的互惠性。情感、行为和认知三维度与环境相互作用，影响学习成果。为了培养学生的自我效能感，教师可以将三个维度中的任何一个作为切入点（见图 4.3）。

维度之间的互惠性表明彼此的影响可能是影响一个维度，也可能同时影响另外两个维度。因此，如果一个孩子能够通过认知能力来帮助他或她认识到自己有认知能力来完成任务（"你真的擅长写作"），行为维度（应

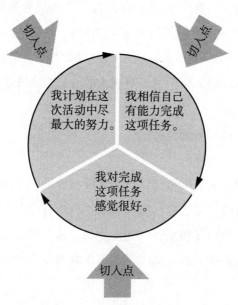

图 4.3 自我效能和成功的互惠性

用的技能）和情感维度（处理任务的感觉良好）自然就会跟上。如果孩子对学习（我喜欢上学）有良好的态度（情感），那么行为和认知就会随之而来。同样，如果学生有行为上的敏锐（"你知道该怎么做"），认知和情感也会结合在一起。你要决定如何让学习者找到正确的切入点，这样就能使其他两个维度与其同步。

影响自我效能感的四个因素

四个因素影响自我效能感的发展。

1. 掌握经验。第一个也是最重要的因素是学习者在学校的成绩。掌握的经验包括过去在学校的表现，学生对经历的感受，以及这些经历带来的持续积极的结果。如前所述，成功孕育自信，自信助推成功。掌握经验的前提是学习者每一次的感觉或行为都能成功推动学习者下一次的成功。掌握经验会影响短期的成就，也会影响在长期的课程或事业方面的努力程度。

掌握经验是学生如何理解他们努力的结果。不管成绩如何，或者一个任务的完成程度如何，主要还是看孩子对成就的感觉或理解。假设有两个学生在考试中得了 B，等级本身没有什么重要性或意义。学优生习惯于在大多数作业中得 A，所以他会觉得 B 是令人沮丧的成绩。而一个学生在大多数作业中总是得 C，这时他/她会发现 B 是促进自己提升信心和获得胜利的动力。

2. 间接经验。自我效能感发展的第二个因素是看别人做类似的工作。间接经验是学生在做一项任务时所做的社会性比较。学生不断地观察别人的表现，并以此来评判自己。在学校，教师会给出一个测试或一项任务，你会带着成就感还是悲伤的感觉去看待自己的分数呢？当同学的分数与你的分数相比较时，你对自己的分数感觉要么更好，要么更差。这种感觉与分数的有效性无关，这种感觉来自你和同学的比较。

对他人表现结果的间接性观察可以影响学习者的自信表现。有成长心态的学生更有可能利用对他人的观察来坚持自己的行动，或者意识到如果当他们自己做的时候不应该做什么。有固定心态的学生最有可能观察别人表现方式的缺陷，或者意识到自己可能无法达到同样的标准。

3. 社会说服。家长、教师、同学或其他与孩子无关的学生发出有意或无意的信息是影响发展自我效能的第三个因素。社会说服力或者会在我们付出努力时给予帮助，或者会使我们放弃。在课堂上传递一些积极的消息会促进学生的学业成绩。

◇使用肯定的话语会促使学生想出有效的方法来执行任务。

◇强调学生以积极乐观的态度对待一些目标，而不是对他们说一些苛刻的言论。("我很开心这个团队如此紧密合作来完成任务的"，而不是"别再胡闹了，回去用功"。)

4. 学生态度。学生反映出的情绪、状态会影响他们自我效能感的水平。积极的学生态度能提高自我效能感。在发展自我信念的过程中，乐观的态度对成就有着积极的影响。如前几章所述，学生对学习情况的感觉决定了其注意力的焦点。孩子对自己的负面看法或对内容水平的恐惧会降低自我效能感。学生对自己情绪状态的理解是对新信息和新产品的筛选。学生对学习能力的态度就是"皮格马利翁效应"，也就是自我实现预期的过程。

如果一个孩子害怕失败，他或她很可能会失败。如果孩子喜欢承担智力上的风险并且愿意接受挑战，他或她更有可能成功。因此可以讨论失败的重要性，培养学生的韧性，并从中学习。对于培养积极学生态度的更多策略，可参见表4.8。

表4.8 自我效能感发展的四个因素

为了帮助学生培养更强的自我效能感，要考虑四个影响因素。	
掌握经验	社会说服
◇为学生提供一些成功率较高的活动。要确保活动的要求不要太低或者太高。使用适度原则，组织一些"恰到好处"的活动，学生能够在这些活动中得到拓展，并提供给学生必要的支持以获得成功。	◇给学生口头上或非语言的信息："你能做到这一点。"教师做个拉拉队员为学生喝彩，会让学生有动力去坚持完成困难的任务。

续表

掌握经验	社会说服
◇重视对困难任务的尝试。即使一个学生在任务中并没有完全取得成功,也要表扬他或她接受挑战的这种行为。 ◇表扬学生的努力,而不是他们的能力或成就。这不仅有助于从一个固定心态("我只能做到和过去一样多")转变为成长心态("如果我足够努力,我能做到"),还会产生更大的自我效能。 ◇无论多么渺小或微不足道的成功,都需要庆祝。学生需要去感受成功,能够在未来的追求中继续行动和提升认知。	◇在教室里张贴一些积极向上的语言,能够清晰地表达目标,诸如"坚持住""激励自己""坚持不懈",这类句子可以让学生继续前进。 ◇用积极的语气和学生交流。避免使用责罚性的语言。如"我真的很喜欢这个小组一起完成任务的方式";这样的陈述会比"你们小组需要重新完成这份任务"有更积极的影响。 ◇让学生互相谈论正在使用或没有使用的策略和技术。这种学习共同体的形式让他们通过倾听他人来提高自己的学习能力。
间接经验	学生态度
◇学生灵活分组,有时,学生会和同质搭档谈论在某些任务上有多困难;有时,他们会与异质搭档讨论成功的有用策略。 ◇为学生提供一些其他学生高质量的学习案例和学习策略。 ◇把成功典范带到课堂,确保成功典范是你的学生或"看起来像"你的学生。要使间接经验起作用,学生必须在成功典范中看到自己。 ◇使用文学中的角色或媒体中的名人作为典范,展示如何实现可持续成功。避免使用"现实"人物,他们并不是成功的模范榜样。	◇帮助学生发现什么时候他们感到害怕失败。帮助他们改变对成功的消极态度。 ◇告诉学生错误是学习的机会,而不是局限性的标志。 ◇为你的学生建立一个乐观的前景。确保他们知道你相信他们,相信他们有成功的能力。 ◇通过提供幽默和快乐的学习环境来吸引学生学习。

促进成功的学习环境

学生取得成功和积极参与任务的另一个因素是有一个支持性的学校环境。著名的进步主义教育家约翰·杜威(John Dewey)认为,教育是学习者与环境之间的互动,环境包括物理环境、社会环境、文化环境和心理环境。教师在创造和维系有效的学习环境中也扮演着重要的角色。学习氛围安全、受欢迎的课堂和学校具备四个要素:

1. 课堂上有产生、引发、增加学习兴趣和乐趣的话题。
2. 能够帮助学生克服学习动机上的问题。
3. 能够发现并改变无益的行为。
4. 创建相关的、有价值和有意义的学习。

表4.9展示了具有四个要素的课堂策略。

表4.9　支持性学习环境的课堂策略

1. 课堂上有产生、引发、增加学习兴趣和乐趣的话题。 ◇创造一个激发兴趣的课堂环境。 ◇使用兴趣中心。 ◇在学习过程中寻找学生的兴趣。 ◇让学生对你的教学感兴趣。 ◇确保每个学生都感到安全、受欢迎、有归属感。 ◇欢迎冒险。 ◇使用包容性语言("我们的课堂")。 ◇让学习成为乐趣。 ◇开怀大笑每一天;向你的学生展示你有趣的一面。
2. 能够帮助学生克服学习动机上的问题。 ◇使用一些非控制性语言("我注意到你开始有一些困难。我能做什么来帮助你产生想法吗?")。 ◇给学生提供相关的、描述性反馈("看来你在学习策略上遇到了困难。让我来帮你尝试新的策略")。 ◇帮助学习者专注于他们能做的事情("你在写作中运用比喻修辞的能力让我印象深刻")。 ◇当学生遇到困难时,帮助他们去思考如何选择("当我遇到困难的时候,我向别人去请教问题,或者我试着思考如何对这些信息产生兴趣")。
3. 能够发现并改变无益的行为。 ◇"我可以看出,这个活动可能不是你最喜欢的,在这个时候把你的想法告诉朋友似乎更为重要。现在是我帮助你成为一名更好作者的时候了。告诉我,我能做些什么来帮助你思如泉涌。"
4. 创建相关的、有价值和有意义的学习。 ◇与学生一起,确定他们使用的策略具有相关性("你如何或何时使用这个想法?")。 ◇给学生从学习任务中获得价值的直接理由("这个任务的本质要求你把注意力集中在我们正在做的事情上")。 ◇教会学生在不久的将来如何使用这些策略("几分钟后我们将尝试这个策略,看看这个策略如何有效地帮助我们解决问题")。

本章小结

发展学生学习的自我调节力，要求他们参与到学习中来，并有足够的信心能够参与到学习活动中来。本章展示了学生对学习的情感以及对活动参与的关注这些重要本质。培养学生的情感力量可以打开学习的大门。教育家很早就知道吸引学生最有效的方法之一，就是把学习的话题和学生的个人兴趣联系起来。要想取得成功，学生还需要在学习中找到价值。他们必须发现这个主题是可行的、有趣的、对他们未来的成长有用，值得他们去花费时间和精力。对学习的信心始于自我信念，而自我信念恰恰导致自我效能感的养成。情感、行为和认知的互惠性使学生能够从"我可以做这件事"发展到"我愿意做这件事"。了解学生在情感、行为和认知发展中的位置，可以为教师提供持续学习的适当切入点。最后，教师如何构建、管理和确保一个快乐的学习空间，对学生参与崭新学习的意愿会产生巨大的影响。

附录：
创建一个激情项目（Passion Project）的指导

1. 激情就是那些你热爱的、非常喜欢做的事情，并且有一个丰富的知识宝库。清楚地解释你的激情及为什么其他人想了解这个话题：

_____

_____

_____

2. 与教师见面会谈，寻找一个合适的单元主题，可以以你的激情项目为主题。

教师面谈日期：_____

取代单元项目的激情项目：_____

激情项目的截止日期：_____

教师签名：_____

学生签名：_____

3.构建自己的激情项目，在课堂上展示。

·想一个有趣的方法来展示你的激情项目（如PPT、演讲、角色扮演、图表/海报等）。

·在你的演讲中，告诉全班：

◇如何参与这个话题；

◇如何了解你的主题；

◇为什么你喜欢这个话题；

◇是什么让你的话题变得有趣。

·为学生提供可以激励他们调查这个话题的信息。

·给学生提供一个资源、网站、书籍或其他可以让其他学生开始参与话题的材料列表。

4.你的激情项目将根据所附的规则评分。你在激情项目上的成绩将取代单元课题的成绩。

改编自理查德·卡什的《推动差异化教学》（Adapted from *Advancing Differentiation* by Richard M. Cash,Ed.D.），2011版。获自由精神出版公司使用许可。

取自理查德·卡什《自我调节课堂》，2016版。本页可供个人、课堂或小组作业复制。如有其他用途，请联系Free Spirit Publishing Inc.授权，网址：www.freespirit.com/。

激情项目评分量规

类型	4	3	2	1
准备	学生完全准备好了，显然已经充分排练过了。	学生似乎准备得很充分，但可能需要更多的排练。	学生有所准备，但很明显地缺乏排练。	学生对于展示并没有准备好。

续表

类型	4	3	2	1
热情	学生的面部表情和肢体语言使观众对话题产生了浓厚的兴趣和热情。	学生的面部表情和肢体语言有时会引起听众的兴趣和热情。	学生似乎努力用他们的面部表情和肢体语言来激发观众的热情,但似乎有些造作。	学生很少使用面部表情或肢体语言,也没有引起听众的兴趣。
内容	学生能够完全理解这个话题。	学生对这个话题有很好地理解。	学生对这个话题中的某些部分有很好地理解。	学生似乎不太懂这个题目。
资源	学生提供了各种各样的资源(至少10个),包括网站、文本和产品。	学生提供了一系列的资源(至少8个),包括网站、文本和产品。	学生提供了一些资源(至少5个),包括网站和文本。	学生提供的资源很少(少于5个),包括网站和文本。
内容相关性	学生能够在数学、科学、社会研究、语言艺术、艺术、体育和/或其他研究领域之间建立内容上的特殊关联。	学生能够在数学、科学、社会研究、语言艺术、艺术、体育和/或其他研究领域之间建立内容上的一些关联。	学生在数学、科学、社会研究、语言艺术、艺术、体育和/或其他研究领域之间建立内容上的关联较少。	学生没有与其他领域内容建立任何联系。

改编自理查德·卡什的《推动差异化教学》,2011版。获自由精神出版公司使用许可。

取自理查德·卡什《自我调节课堂》,2016版。本页可供个人、课堂或小组作业复制。如有其他用途,请联系 Free Spirit Publishing Inc. 授权,网址:www.freespirit.com/。

第 5 章

培养思维习惯

> 在我看来，教育在人的生活和社会中具有双重功能：一个是效用，另一个是文化。教育必须使人变得更有效率，以实现他生活的合法目标。
>
> ——马丁·路德·金（Martin Luther King Jr.）

地方标准乃至国家标准正面临着日新月异、更严格的发展，同时也不断地要求学生能够相应地进行高水平思考，有更高水准的表现。在为大学生活和职业生涯做准备的前提下，新标准要求学生能够进行探究，阅读相应资料，通过写作来传达自己的观点并提供相应的证据和推理。学生必须具备灵活运用批判性推理、创造性思维、问题解决和果断决策的能力。这个"终极目标"是在"培养自我调节学习力的阶段和矩阵表"中放手和反思的结合（见第 3 章）。学生要达到自己的目标，就必须有扎实的基础，养成良好的思维习惯。本章将阐释不同类型的思考和技能，并且分别提出促进思考和提高技能的策略。

思维的结构

思维是一个通常被称为认知的心理过程。大脑在三个层面上思考：（1）"无意识心智"（the unconscious mind）是原始的；它依靠本能使人得以生存。潜意识拥有我们所获得的信息或记忆，而这些形成了我们的信念、模式和对现实的看法，进而促使我们行为方式的形成。（2）"潜意识心智"（the subconscious mind）储存的是一些人们能够很自然地回想起或被陈述的信息，例如：电话号码或家庭住址。潜意识的记忆过程，是不必有意识地去思考某些行为，我们可以同时完成多项任务，比如开车时和坐在你旁边的人说话。（3）"有意识心智"（the conscious mind）是我们对当下的觉察；它是被指导并且受控制的思想。这个最复杂的认知部分能够帮助学生制定有效的自我调节学习力策略。

思考的行为可以沿着一个光谱来考虑（图5.1）。在光谱的一端是求同思维，通过一组基于事实信息的逻辑步骤来思考。另一端是求异思维，即产生许多想法的思维，创造新的和富有想象力的想法。学生必须使用这两种思维方式才能成为有效的问题解决者，从而使图5.1中的频谱中心能够重叠。自我调节良好的学生知道要想高效解决问题，什么时候应该使用求同思维方式，什么时候适合使用求异思维方式，也清楚有必要时，必须使用两者结合的方式来有效地解决问题。

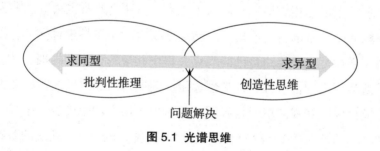

图 5.1 光谱思维

元认知：对思考的思考

元认知行为，即人的思想和行动的意识，是意识思维的一部分。元认知包括了解（事实）和理解信息的能力（概念上），能够执行（程序）特定的任务。元认知能力控制和调节我们的思维过程，如：学习习惯和记忆能力。这部分思维包含了我们对自我信念和信心的认识。成功的学习者每天参与元认知活动，以开发对自我调节的认知策略。斯腾伯格在元认知过程中定义了六个通用步骤：问题识别、问题定义、制定解决问题的策略、资源配置、监控问题解决、评估结果。具体见表5.1。

表 5.1　元认知能力的发展策略

元认知通常被定义为对自我思维的思考。为了鼓励学生对自己的思维过程有更多的认识，建议每天都要使用这些策略。	
自我调节学习力的起步阶段 ◇模拟自言自语的行为，比如："当我思考这个问题时，我记得昨天学习了一种策略，这种情况或许可以用上。" ◇模拟外部观察的讲述，比如："当我看这本书的封面和书名时，我觉得这个故事可能是关于年轻人为了独立而经历的冲突。" ◇模拟学习过程中的情感平衡，比如："当我陷入困境时，虽然我可能会感到沮丧，但我做了深呼吸，然后告诉自己，'我能做到这一点'。" ◇直接模拟思维过程的各个步骤。 **自我调节学习力的干预阶段** ◇与学生讨论他们在完成一项任务时有意识地使用了哪些策略。 ◇观察学生的学习情况，寻找压力或挣扎的迹象（比如皱眉、受挫或不学习的行为），并准备好给他们一些肯定的自我暗示。 ◇问学生一些推理性问题，以确定他们的元认知思想的层次，比如，"当你完成这个任务时，告诉我你使用了哪些策略"。 ◇确保学生的思维策略是通用的，不要在某些情况下起作用，而在其他情况下不起工作。 **自我调节学习力的支持阶段** ◇当你发现学生使用元认知策略时表扬他们。 ◇让学生和他们的队友分享他们有效的元认知策略。 ◇让学生在整个任务执行过程中评估他们的元认知策略的有效性。	**自我调节学习力的放手阶段** ◇在指导或咨询阶段，要求学生反思他们发现哪些策略有助于完成任务。 ◇促进学生在解决复杂问题时讨论出最合适的策略。 ◇让学生想出一些关于他们如何使用元认知策略能持续取得成功的问题，来询问别人、自己或者教师。 **其他的想法** ◇鼓励小组讨论，话题是关于学生解决问题采取的途径。 ◇经常要求学生解释他们是如何得到解决方案或通过问题进行迁移的。 ◇组建小组讨论解决复杂问题所采取的行动。 ◇帮助学生找到解决问题的多种方法——尤其是注意非常规、非传统的方面。 ◇让学生有机会评价他们的元认知有效性等级。 ◇在任务结束后让学生去回顾一下思考过程。 ◇给学生充分的时间思考和讨论元认知策略。可以是几分钟，也可以是几天。 ◇当教授一种特定的元认知策略时，将其同时应用于基于内容的情境和真实情境。 ◇学生做元认知反思时要记住使用 ABCs 模式："这让你感觉如何？""你采取了哪些有用的或没用的行为？""你用什么思维工具来完成任务？" ◇给学生提供一个表格来记录他们的元认知。

基础认知：首要思维工具

比元认知水平更高一层的是基础认知。当学生具体运用创造性、批判性推理、解决问题和决策技巧时，他们就会用到基础认知。就像培养任何技能一样，学习者首先把它当作一种策略——一种离散的、有意识的行动。经过一个循序渐进的过程之后，学习者就能明确地定义他们正在做的事情，下一步应该做什么，以及最终结果应该是什么。策略的自觉应用对技能的发展至关重要。如果学习者知道该做什么和为什么这么做，然后他们反复练习这个动作，最后它就会变成无意识的行为。因此，一些学生需要更多的练习来提高技能。这样做的目的是让学生了解和确定什么时候使用这些特定的策略，什么时候他们需要改变或调整策略以获得更大的成功。

学生必须通过各种各样的角度来审察信息，以了解知识是主观的，知识可以进行开放式探究。学生要想成功地达到更高的思维水平，就必须积极主动地在课堂上进行探究和自我指导，必须通过创造性和批判性推理来学习。

创造力：点燃新的想法

学生可以使用创造性思维，这是发散的思维过程，能够为解决问题创造多种选择。学生可以通过培养以下这些特点来增强自己的创造力：

◇做事和行动方式的灵活性。
◇能够快速改变和适应的能力。
◇能够将众多想法以非同寻常的方式联系在一起。
◇质疑的态度。
◇玩中学。
◇能够想出大量可行的解决方案。
◇视错误为机遇。
◇重视创造的过程。
◇对混乱、不和谐、歧义、复杂性、风险和认知失调的容忍。
◇愿意付出努力来提出新的创意。

构建创造性思维

在课堂上构建创造性思维的最好方法之一就是运用创造力的四个要素：流畅性、精加工、原创性和灵活性（Torrance，1979）。以下的思考可以当作"海绵活动"（当你在午饭前或课堂结束前，或者在一天结束的时候，你有几分钟的时间），做一些热身开始更剧烈的思考活动，或者是"大脑休息"（学生需要一点脑力休息时间）。

流畅性

流畅性指的是能够产生大量想法或替代解决方案的能力。一个流畅性活动的例子是全程列表（list all），让学生可以自由地构思制作一份项目列表。比如：给学生两分钟时间想出尽可能多的活动项目，列表如下：

◇ 色彩斑斓的。
◇ 用其他方式表示"早上好"或"谢谢"。
◇ 金鱼或骨骼的名称。
◇ 关于科学／数学／历史／消费科学的问题。
◇ 你对书中人物提出的问题。
◇ 你对作者／历史中一个重要人物／外科医生／你的曾曾曾祖母提出的问题。
◇ 解决重大或较小冲突的方法。
◇ 减缓气候变化的想法。
◇ 莎士比亚创造的人物。
◇ 有影响力的数学家。
◇ 细胞组成。
◇ 解决问题的策略。
◇ 配对。
◇ 复合词。
◇ 三音节单词。
◇ 没有"e"的单词。

精加工

精加工是提供广泛或扩展细节的能力。它帮助学生超越边界的极限。学生详细阐述观点或主题的能力可以显示他们对内容有更深理解,是提高学生学习更多内容的动力。能够激发精加工的活动是:

◇对棋盘游戏进行修改、添加或改编以使其更具挑战性。

◇创造一个良好氛围,让你开心阅读《三只小猪》《罗密欧与朱丽叶》《野性的呼唤》(使用任何书名)。

◇编写一个儿童图画书来解释线条、坡度/角度/测量/数据和统计。

◇仅仅使用数字,告诉某人从你的学校到纽约时代广场的方向。

◇一名窃贼破门闯入国家银行,偷走了所有的财宝。窃贼只用了三件东西就破门而入(三脚支架梯子,一个红酒瓶,脚趾甲钳)。窃贼是怎么做到的?

◇一名窃贼破门闯入国家银行,偷走了所有的财宝。这些财宝是什么? 如果你真的很勇敢(或者是一个好侦探),把所有的被盗财宝分成三类(如金银珠宝、艺术品和军事品)。你还可以自由分类。

◇你生命中的哪一年是最重要的/最不重要的/最公平的/最糟糕的/最无聊的/……为什么?

◇学校里哪一个实物是最令人高兴的/最不开心的/最微小的/最讨厌的/……为什么?

原创性

创意可以看作是对旧思想的拆解,以一种新的方式将它们重新组合在一起。原创性常常被认为是最重要的,创造性思维在现实中是最困难的,但对于解决21世纪的问题无疑是至关重要的。

◇为你的笔记本电脑、智能手机、钢笔或书桌创造一个新的用途。

◇为一个著名童话或故事创造一个新的结局、新的开始或新的角色。

◇想出一个最不寻常的理由给心爱的人写一封情书。

◇为学生设计一种不用门窗就能进入教室的新方法。

◇为《权利法案》重新命名。

◇想出一个方法把数学科目"推销"给害怕数学的人。

◇利用两种运动（如足球和棒球）的规则，创造一种可以在雪地里玩的新游戏。

◇只使用可降解的材料开发新款智能手机、电脑或笔记本电脑的外套。

◇创建接收短信、电子邮件或其他社交联系的新方式。

灵活性

灵活性，用不同的方式看待事物的能力，是创造过程中至关重要的工具。从不同的角度看问题可以帮助学生加深理解，提高他们应用信息的能力。思考在布告栏、房间的醒目区域、班级网站，或学生刊物上发布灵活性的挑战活动。例如：

◇用一个比喻来描述我们的教室／学校／城市／州／……

◇给出忘记写家庭作业的理由。

◇给出人会生气／高兴／悲伤／快乐／困惑的理由。

◇列出人们旅行／出国移民／移民进来的原因。

◇列出电脑电源线的用途（不包括为电脑供电）。

◇列出人们不这样做的原因：

——反抗／不同意／反对／冲突／组织／相信。

——买新衣服。

——生气／气恼／难过／开心／惊恐。

——拥有一台电脑／智能手机／其他技术。

——一起工作／互相交谈／团队合作。

——养宠物／孩子。

◇列出不去做的理由：

——解决问题。

——改变基因／种子／化学品／……

——使用统计数据。

——理解作者的观点。

——知道如何拼写／沟通／解释／……

◇解释一下如果发生了以下情况该怎么办：

——没有飞机。

——每天都下雪／下雨。

——你有一天是隐形的。

——没有花。

——所有的书都被禁止。

——不允许教科学／音乐／历史／艺术／……

◇想象一下，把你桌子上的东西分成三类，有哪些类别，你为什么这么分？

◇把你昨天的谈话内容进行分类，确定对话最多的类别。

◇水（可用其他物品代替水）在什么方式下，会不安全／可怕／诱人／宽容／不受尊重……

SCAMPER

将创造力融入课堂的另一种方式是通过SCAMPER活动。"SCAMPER"中的每个字母都代表了学生对学习内容所采取的行动。

S=替代（Substitute）；

C=结合（Combine）；

A=适应／调整（Adapt/Adjust）；

M=修改／最小化／最大化（Modify/Minimize/Maximize）；

P=其他用途（Put to other use）；

E=消除（Eliminate）；

R=逆向／修改（Reverse/Revise）。

SCAMPER运用在语文课堂的实例：

本单元是娜塔丽·巴比特（Natalie Babbitt, 1975）的《永远的狄家》（又译《不老泉》），讲述了一个年轻女孩遇到一个奇异家庭（永生不老）的故事。

替代：如果用同情代替不死的概念，将如何改变故事的焦点？

结合：如果将书中的人物梅伊、温妮和杰西作为不同类别，将事件组合在一起，如何进行比较／对比？

适应：如果把故事发生的时间调整到今天，结果会发生怎样的变化？

最小化：如果将不老泉水的影响减少到 20 年，故事会发生怎样的变化？

其他用途：如果把水放在另一个地方，故事会发生怎样的变化？

消除：如果删除警察到来的部分，会对这个故事产生什么影响？

修改：如果修改情节，让温妮来攻击那个穿黄色西装的人，故事会发生怎样的变化？

SCAMPER 运用在几何课堂中的实例：

替代：用卡通或动漫人物代替多边形的名字。

结合：把艺术与几何结合起来；用海报板和胶带构造一个艺术的三维四面体和其他固体。

适应：使用三角形面积公式来创建正方形、矩形和平行四边形的公式。

修改：修改平行假设，允许多条线通过一个给定的点平行于另一条线。

其他用途：把三角形作为工具。研究不同三角形类型的固有特性，从而创造出一个有用的工具。

消除：去掉勾股定理中的原有文字，使用短剧／哑剧、素描／绘画或任何其他媒介。

逆向：在两列证明中颠倒步骤的顺序，从你想要证明的结论开始证明。

SCAMPER 运用在物理课堂的实例[1]：

替代：用光线代替摩擦；写一个关于纳斯卡赛车的故事。

结合：把运动公式和流行歌曲结合起来，用距离、速度和时间的符号代替歌词。

---

[1] 由约翰·卡什（John Cash）提供，他是华盛顿特区的一位中学数学与物理教师。

适应：将速度单位（米/秒）调整为相应的食物单位和活动单位。如：你今天行走的单位步数相当吃了多少份水果？

修改：牛顿的第二运动定律（力等于质量乘以加速度），如果没有加速度，描述人类的生活会如何变化。

其他用途：把声音用于其他用途。研究声音属性和假设修辞，可以让我们的生活更轻松，或者将其为我们所用。

消除：消除牛顿运动定律的名称；以演员或歌手的名字重命名。

逆向：反转光谱中颜色的顺序，重新创造一个著名的静物或风景。

SCAMPER 运用于基于美国革命的社会课堂的实例：

替代：用德怀特·艾森豪威尔的领导才能代替乔治·华盛顿的领导才能。
结合：将导致美国革命的事件分为不同的类别（政治、经济、社会）。
适应/调整：如果电是在美国革命时期被发明，事件会有何不同？
最大化：如果战争持续了 20 年呢？
其他用途：如果加拿大在美国独立战争中站在殖民国一边，会有什么影响？
消除：如果《巴黎条约》从来没有发生过，结果会是什么？
逆向：如果英国继续控制殖民地，今天的世界会有什么不同？

帮助学生制定支持创造性思维的策略可以让他们参与到学习过程中来。为他们提供不同的学习方法，并在学习内容中找到"假如……会怎么样"，让他们能够自由地提出新的想法，同时能够深入地研究他们要完成的学习内容。

批判性推理

通过批判性视角来评估信息，不考虑个人的解释和情感。要批判性地分析信息，学习者必须根据既定的标准、规则和程序来判断。批判性推理是在探索性的坚持和开放式灵活性之间转换。缺乏批判性推理能力的学生往往急于得出结论，接受最初的答案，或坚持即刻的满足。这些学生必须学会对歧义宽容，并推迟自己的判断。因此，批判性推理需要发展学习的自我调节。

批判性思考者的特质

批判性思维基金会的琳达·埃尔德（Linda Elder）和理查德·保罗（Richard Paul）（2014）将批判性思维者定义为：

独立：在听取别人的意见和推理之后，独立的思考者会自己思考。他们会提出类似这样的问题：

◇小组里其他人说了什么？
◇我是根据别人说的话来做决定的吗？
◇我的想法有没有被别人的想法改变？
◇我是否允许别人替我思考？
◇在听到别人的意见后，我还会做出同样的决定吗？

正直：优秀的批判性思考者会使用"己所不欲，勿施于人"的黄金法则来解决问题。他们会问：

◇在决策过程中，我是如何对待他人的？
◇我是否以我想要的方式对待他们？
◇我是否尊重别人的想法？
◇我是否为其他人树立了良好的思考策略的榜样？
◇我以什么方式表达对团队中其他人的尊重？

谦虚：有些学生，尤其是非常聪明的学生，往往认为自己什么都知道。优秀的批判性思考者明白，他们不可能什么都知道，他们有时也需要依靠别人来支持自己的想法。他们会问：

◇我是否试图成为"了解一切"的人？
◇我是否允许别人拥有他们的发言权？
◇我怎么确认自己知道的是真实的？
◇我是否问过别人他们是怎么辨识自己知道的知识？

◇当别人比我了解更多的时候，我是如何回应的？

自信：自信是意识到你所知道的，就算发生错误和失败的时候，你也会感到安全。自信的学生会提出类似这样的问题：

◇当存在分歧时，我是怎么反应的？

◇我是否对自己的想法或所知有所怀疑？

◇我是如何深入研究这些论点的？

◇我的信息与论点相关吗？

◇我的信息准确吗？

毅力：有毅力的学习者会直面困难，直到他们找到可行的解决办法。面对21世纪的挑战，坚持不懈是一种非常有价值的品质。学生会提出类似这样的问题：

◇我有没有解决问题？

◇当事情变得困难的时候，我做了什么？

◇当我遇到棘手的问题时，我感觉如何？

◇当我陷入困境时，我使用了什么思维技巧（创造性或批判性）？

◇我是否管理好了自己的情感、行为和认知？

公正：与正直相似，公平的思想者会允许他人也采取同样的行为，允许他人有正确的答案，甚至允许他人在决策中发挥领导作用。他们会提出这样的问题：

◇我在做决定的时候有没有考虑到别人？

◇每个人都参与了这个过程吗？

◇其他人对这个决定有什么感觉或想法？

◇我做这个决定的时候考虑了所有的问题吗？

◇这一决定是出于自身利益还是出于所有人的最大利益？

勇气：有时候，一个批判性思考者会成为少数派，并且可能会得出大多数人不喜欢的结论。有勇气的学生会说或做一些正确的事，但往往说话或行动的方式不被大众接受。他们提出的问题类似这样：

◇即使我的想法可能不受欢迎，我也会大声说出来吗？

◇我是如何质疑自己的信念的？
◇当我开口说话的时候，我是否尊重别人？
◇如果我的想法不受欢迎，为什么不受欢迎？
◇当我的观点不受欢迎时，我能做些什么来确保我之后会重拾勇气？

同理心：思考者还必须考虑到决策过程的情感影响。考虑到人们的感受，你就会成为一个强大的思想者和领导者。学生会提出这样的问题：

◇其他人对这个过程和决定有什么想法和感受？
◇我是否尊重其他观点？
◇在决策制定过程中，我是否考虑了所有人的最大利益？
◇我如何将他人的想法纳入我的决定？
◇我的决定会如何影响其他人？

解决问题的过程

教学生有条不紊地处理家庭和学校里遇到的问题。

通过了解到他们拥有克服挑战的工具、过程和勇气来平静地处理问题是学习者发展自我依赖的关键（参见表5.2）。

表5.2 解决问题的过程

1. 用你自己的话来定义问题。这有助于你知道这个问题需要什么样的解决方案。
2. 从最相关的到最不相关的信息排序，这有助于消除杂乱的信息。一种有效的方法是通过图表组织（参见"从最重要到最不重要"的单页讲义）。
3. 寻找遗漏的内容、未说明的内容，寻找假设或不假设的东西。许多问题或者缺少信息、或者过度陈述信息、或者重于假设。一个好的批判性思考者通过分析什么重要、什么不重要来解决问题；信息中缺少什么，不清楚的是什么。在可复制的"澄清信息"中使用图表来帮助学生澄清信息。
4. 考虑一下结果应该是什么样子，应该解决什么，或者应该完成什么。这也是收集多个问题解决方案的一个有用步骤。
5. 选择最适合的解决方案。在制定了大量的解决方案之后，选择最合理、最有效的解决方案。

变焦策略

使用一件艺术品或一幅画,在第一天给学生展示其中的一小部分,之后的每一天,展现作品更多的部分。(见图5.2)

图 5.2 图像变焦

每天问同样的问题,确保这张图足够有趣以让学生谈论。可以考虑直接从课程内容中使用图像,例如数学中的图形、英语语言艺术中的图书封面、历史中的宣传海报、科学中的天气图像、工程中的建筑结构等。一旦你选择了图像，使用表 5.2 中解决问题的过程，或者根据布卢姆教育目标分类学提出问题，构建教学活动。

基于布卢姆教育目标分类学，第一天提出以下问题：

◇记忆：发生了什么？
◇理解：为什么会发生？
◇应用：如何解决这种情况？
◇分析：是什么使这种情况与……相似或不同？
◇评价：在这幅图中别人比较关心但却没有看到的东西会是什么？
◇综合：移除图片中的一项，会如何改变你的看法？

在接下来的日子里，问同样的问题，并倾听原始答案的变化。

苏格拉底的提问策略

苏格拉底的提问是用一系列问题来质疑学生思维的准确性和完整性。如：

清楚说明

◇你能再说一遍吗？
◇你这话是什么意思？
◇你的论点与我们现在的讨论有什么关系？
◇你为什么这么说？
◇你在说……吗？

确定假设

◇你做了什么假设？
◇你为什么这么认为？
◇你是否同意或不同意他人的假设？
◇解释你是如何得出这个假设的。
◇你能验证你的假设吗？

检验推理

◇你为什么这么说？

◇你怎么知道的？

◇你有什么理由支持你的想法？

◇你的答案从何而来？

◇你的理由足以改变别人的想法吗？

引用证据

◇有证据支持你的答案吗？

◇你是怎么想到这个主意的？

◇你有什么证据？

◇还有谁可能支持你的主张？

◇这是事实还是观点？

鱼缸策略

一小群学生围坐在中间的圆圈（鱼缸）里，而其他学生则坐在外面的一圈椅子里。鱼缸里的学生正在讨论一个问题或话题，而外圈的学生则记录下他们的思路以及观察鱼缸里的学生如何利用批判性思维参与讨论的。

原有知识：对成功的支持

学困生面临的一个问题是他们原有知识缺乏一致性。原有知识建立在过去的经验基础上，为新信息奠定基础，是学生学习新知识的储备。原有知识也包括过去的实践（练习）、学习策略和学习技能，以支持获得新策略和新技能，如语言或词汇的习得。原有知识可以根据学生过去的经历逐渐建立、激活或组织起来。

建立原有知识

有些学生可能在当前所学的内容范围没有经验，因此在开始学习之前建立一定的知识基础是非常重要的。这可以通过：

◇播放与主题相关的视频。

◇用图画书或者"事件"描述的书籍来建立基础理解。
◇提供各种各样的网站来介绍或提供主题相关的信息。
◇请相关主题或学科领域的专家进课堂。
◇展示去年学生创造的产品。
◇用类比把过去的话题和新的话题联系起来。
◇用迷你课程（2～3分钟）来介绍相关概念或技能。

激　活

有些学生在内容上有过经验，但可能已经忘记了，或者很难回忆起。要激活学生的原有知识，可以这样做：

◇使用 KIQ（已经知道的、感兴趣的、有疑问的）图表。创建一个包含三列的图表，标题分别为：关于这个话题我知道的、关于这个话题我发现有趣的、关于这个话题我有疑问或者不懂的。这个策略可以让学生意识到他们对这个话题并不了解，也没有人知道关于这个话题的一切。请参阅本章后面附录中的"KIQ 图表"。

◇用预期情境和行为来启动一个单元。这种简单的活动可以鼓励学生对关于主题的各种想法产生兴趣。对预期情境的想法有：

——介绍词性：将句子贴在地板上，并在每个单词上标上词性，让学生试着找出对应编码 [big（形容词）wolf（名词）ran（动词）quickly（副词）through（介词）the（冠词）woods（名词）]。

——要开始讨论进化的主题，可以使用一些人工道具，如骨头、化石；要学习有关宪法的主题，用羽毛笔引入；要开始一个烘焙单元课程，用软式蛋糕切入；要开始学习牛顿定律，可以在油管上观看滑板者的视频。

——通过讲一个人经历的故事来突出新课程或新单元的重点。

——用一个类比来比较正在学习的东西和学生已经知道的东西。当引入原子时，用乐高积木来展示小零件如何组成大物件，或者用混合饮料来展示溶质和水是如何构成溶剂的。

——利用时事来突出学习新知识的重要性。例如，让学生列出加州干旱造成的从经济到社会的各种影响。

——通过让学生参与对犯罪现场的调查或侦查"到底是谁做的"这样神秘的活动，使学生投入到新课程中的学习。

——将与课程相关的目标放在一个袋子里，让学生抽取几个，并试着猜测出相关的主题。

——播放与新单元相关的音乐。思考如何用音乐来引入数学、科学、历史或文学主题。对于一个地理单元，播放来自该地区的音乐，让学生想象音乐中所暗示的地区特色食物类型。在体育课上，播放一段音乐，让学生重复节奏动作，培养动作技能。

——展示与单元内容相关的行业名人的照片。例如，列举一些在各个领域有新发现的科学家。

——使用预期指导来设置单元。预期指导会给学生一个关于这个单元的样本，这是一个清除学生对这个话题产生误解的机会，或是一个分享他们已经知道的关于这个话题的机会（请参见表5.3）。注意，预期指导中并不是所有的陈述都必须真实，但这些语句应该突出单元的主要概念或者主要思想。

表 5.3 预期指导示例

在开始这个学习单元之前，先做这个调查，看看你对这个话题已经了解了多少。这不是测试，只是想了解你对于这个单元知道些什么知识，还不知道什么。在整个学习过程中，都会用到这个表格，这样你也可以检验你已经知道的信息，并可以随时纠正在学习中产生的错误。		
陈 述	我认为这是正确的/错误的，这是因为	我所学到的
1.岩石主要有三种类型：沉积岩、变质岩和火成岩。		
2.岩石类型的不同取决于其年龄。		
3.古生物学是对岩石的研究。		
4.岩石是地球岩石圈、软流层、中间层和地核的组成部分。		

续表

5. 今天可见的大部分岩石都是在大陆或海洋的地壳中运动形成的。		
6. 火成岩是由岩浆冷却形成的。		
7. 沉积岩在海底形成。		
8. 变质岩通过高压和/或高温作用而形成。		
9. 所有的岩石根据颜色和大小进行分类。		
10. 之所以称之为岩石循环,是因为岩石开始是火成岩,然后变成沉积岩,最后变成变质岩。		

——让学生提前预习这个话题,使之充满兴趣,或鼓励他们提出与这个话题相关的争议,或者讨论与这个话题相关的时事新闻。

——通过指导性阅读,你可以把学生分成不同话题的"专家"小组。例如,在线性方程的数学研究中,让学生阅读一些有关厨师、街道和庭院维护人员、聚会策划人员或汽车销售人员应用线性方程来改善专业能力的书籍。

——思维导图是一种组织图示,帮助学生整理和管理对某个研究主题的想法。要创建一个思维导图,学生可以把主题放在中间,并把标有副标题的气泡图形附在周围,如图5.3所示。

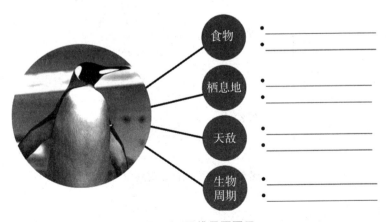

图 5.3 思维导图图示

组 织

当学生具备了原有知识，就可以通过组织原有知识来理解新学习的内容。在开始单元学习之前，让学生用画图的方式展示他们对这个主题已经知道或曾经记住的内容。方法包括：

◇重点列表（参见图5.4和图5.5"关键点"的实例）。

◇思维导图（参见图5.3）。

◇掌握笔记本或文件系统的应用（见第7章）。

◇好创意笔记本。

——学生可以创建一个网页，或者随身携带一个小笔记本，记下自己平时想要学习的内容，或者在学习过程中的主要内容。智能手机都有一个"笔记"的程序应用，可以用来实现这个想法。

——选择网站供学生浏览以激发兴趣。允许他们深入挖掘一些问题或者选择一个想独立调查的领域。

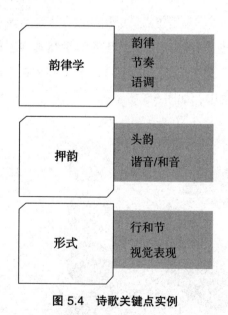

图5.4 诗歌关键点实例

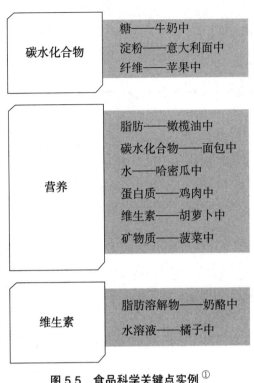

图 5.5　食品科学关键点实例①

本章小结

本章将思考定义为从元认知到基础认知。元认知,就是思考自己的思考,对于成为具有自我调节力的学习者来说是一个有价值的工具。让自己意识到情感和行为会让你朝着成功的方向前进。基础认知是更宏大的思维过程,是我们解决问题时经历的整个过程,通过运用求异型(创造性思维)和求同型(批判性推理)技能,学生可以更好地应对不断变化的标准和 21 世纪面临的问题的复杂性。

---

① 此图由苏珊·M·斯威尼克(Susan M. Swinick)创作,作者为威斯康星州威滕贝格·伯南伍德(Wittenberg-Biranmwood)高中家庭消费学任课教师。

附录：

低年级学生的组织图示：元认知

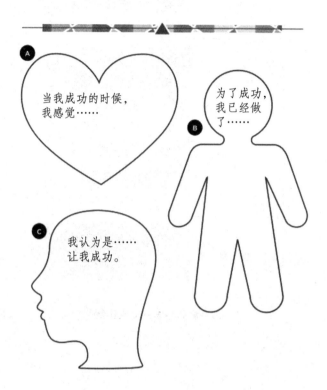

取自理查德·卡什《自我调节课堂》，2016版。本页可供个人、课堂或小组作业复制。如有其他用途，请联系Free Spirit Publishing Inc. 授权，网址：www.freespirit.com/。

高年级学生的组织图示：元认知

1. 整个任务中我的情感变化。

　　进行任务之前：_____

　　任务中：_____

　　任务结束后：_____

2. 整个任务中我的行为变化。

  进行任务之前：_____

  任务中：_____

  任务结束后：_____

3. 整个任务中我的认知变化。

  进行任务之前：_____

  任务中：_____

  任务结束后：_____

取自理查德·卡什《自我调节课堂》，2016版。本页可供个人、课堂或小组作业复制。如有其他用途，请联系 Free Spirit Publishing Inc. 授权，网址：www.freespirit.com/。

从最重要到最不重要

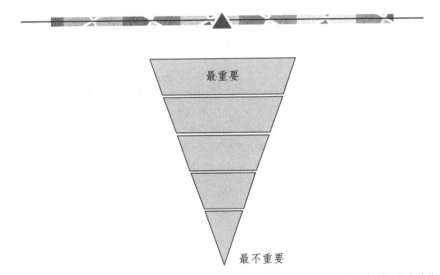

取自理查德·卡什《自我调节课堂》，2016版。本页可供个人、课堂或小组作业复制。如有其他用途，请联系 Free Spirit Publishing Inc. 授权，网址：www.freespirit.com/。

澄清信息

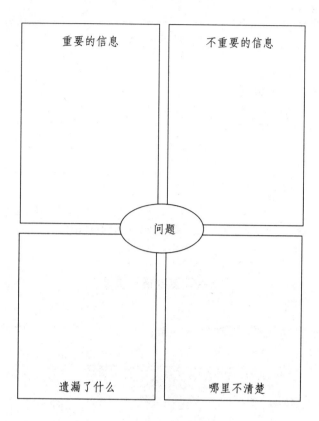

取自理查德·卡什《自我调节课堂》，2016版。本页可供个人、课堂或小组作业复制。如有其他用途，请联系Free Spirit Publishing Inc. 授权，网址：www.freespirit.com/。

KIQ 图表

关于这个话题我知道的	关于这个话题我发现有趣的	关于这个话题我有疑问或者不懂的

取自理查德·卡什《自我调节课堂》，2016版。本页可供个人、课堂或小组作业复制。如有其他用途，请联系 Free Spirit Publishing Inc. 授权，网址：www.freespirit.com/。

预期指导

主题：_____

在开始这个学习单元之前，先做这个调查，看看你对这个话题已经了解多少。这不是测试，只是想调查你对于这个单元知道些什么知识，还不知道什么。在整个学习过程中，都会用到这个表格，这样你也可以检验已经知道的信息，并可以随时纠正在学习中产生的错误。

陈　述	我认为这是正确的/错误的，这是因为	我所学到的
1.		
2.		
3.		
4.		
5.		
6.		
7.		
8.		
9.		
10.		

备注：_____

取自理查德·卡什《自我调节课堂》，2016版。本页可供个人、课堂或小组作业复制。如有其他用途，请联系Free Spirit Publishing Inc. 授权，网址：www.freespirit.com/。

关键点图表

取自理查德·卡什《自我调节课堂》，2016版。本页可供个人、课堂或小组作业复制。如有其他用途，请联系Free Spirit Publishing Inc. 授权，网址：www.freespirit.com/。

第 6 章

设定和达成目标

> 即使你的目标看起来遥不可及，但是当你开始想办法一点一点向它靠近时，就会很快实现了，你的意志为成功开启了可能。
>
> ——梅·C·杰米森（Mae C. Jemison）

本章主要讨论如何将自我调节的情感、行为和认知纳入目标的设定、监控和反思之中。学生参与学习的过程在第 3 章中有详细的描述。

设定目标是实现自我调节学习力的一个重要元素。目标是一个人热切想要完成的事情或者一个期待的结果。在设定目标时必须知道这件事是有可能完成的，这样一个结果也是有可能达成的。那些很少在课堂上取得成功的学生可能不知道什么样的结果是正确的或者可实现的，所以目标的设定对他们来说是一个很大的挑战。

大量研究表明，目标的设定会影响学习效果和学习者。埃德温·洛克和加里·莱瑟姆（Edwin Locke and Gary Latham，1990）发现，目标设定是提高学习成绩的关键因素。但是，仅仅把"尽力而为"作为目标的话，那对个人成绩的提高几乎没有什么帮助。教师和学生应该根据个人相应的水平制定具有挑战性的目标，这对完成目标有着积极的影响。研究者发现，比起目标的细化准确，那些有适当难度的目标更加容易成功。制定最具挑战性（同时必须是可实现的）目标的学生学习成绩要比制定更简单目标的学生成绩好百分之二百五十（Wood and Locke，1987）。

正如约翰·哈蒂（John Hattie）在他的开创性著作《可见的学习：800个关于成就的元分析》中所说："任何把'尽力而为'作为校训的学校，都应该将其改为'直面挑战'或者'力争上游'。"在哈蒂的研究中，他发现那些有目标的学生更加懂得自我激励，更加容易成功。目标可以指引学生，让他们知道什么是成功（情感）、要多努力才能达到目标（认知）以及为了达到目标需要采取的行动（行为）。每当一个目标达成，学生的自我效能感和自信都会得到提升。即使是有特殊需求的学生也同样如此（Fuchs and Fuchs，1986）。

学习目标

在学生设定目标之前，教师应该了解学生的学习特质。心理学家发现，学习的两大重要因素是成功导向和目标导向。成功导向就是学习者在情感上、行为上、认知上如何理解和回应任务。成功导向的理论框架认为，学生会思考自我感觉（自信）、任务的价值以及应该怎样做才能在任务中做得好。学生或注重掌握，或注重成绩。

注重掌握的学生认为，他们需要高度的努力、对成功的渴望以及应用克服困难的策略才能达到对知识的掌握。这些学生从本质上来说，更加活跃、有恒心，心态上更加成熟。他们愿意去尝试那些超出自己能力之外的挑战，他们把寻找挑战的刺激和承认失败都当作是学习的机会。

注重成绩的学生认为是他们的能力造就了成功，他们通过比较他人的成就来衡量自己的成就。注重成绩的学生总是想做得比别人更好。他们逃避那些有可能失败或者是有可能使他们落后于他人的挑战。他们惧怕那些不熟悉或是可能没有结果的任务，比如说开放式的任务。注重成绩的学生会把失败当作是他们能力不足的表现。

另外，学生设定目标的意识和对成就的重视度都是帮助他们确定学习方向的关键。这个理论框架表示目标设定有两种类型：趋向型和逃避型。趋向型的学习者通过努力提升自己的技能和能力来获得成功。然而逃避型学习者更加偏向于通过常规训练来提高他们已有的能力，而不愿意去拓展新技能。这些学习者"逃避"不好的局面和会显得他们无能或知识匮乏的活动。典型的逃避型学习者总是获得一种"已经够好了"的满足感。

表 6.1 表明了成功导向和目标导向是如何互相关联演变成为学习目标的。在课堂上，我们可以把学习者分为四种类型：

◇掌握型和趋向型学习者：尽自己所能做到最好。
◇掌握型和逃避型学习者：自我满足于"已经够好了"的程度。
◇表现型和趋向型的学习者：总是想要做到比别人更好。
◇表现型和逃避型的学习者：害怕因为他们的失败而被定义为能力不足。

表 6.1　学习目标

导　向	性格特征
学习目标导向 （掌握型和趋向型）	以突破个人能力为标准设定目标 享受学习过程 不断努力以达到更好的程度 拥有成长心态 必要时寻求帮助 喜欢深入学习，刨根问底 总是自我激励以获取成功
以维持学习为目标导向 （掌握型和逃避型）	以不求有功但求无过为标准设定目标 通过学习过程维持现有的技能和能力 畏惧失败 固定心态 不愿寻求帮助 是一个表层学习者，不愿深入学习 很少自我激励

续表

导　向	性格特征
以成绩受到肯定为目标导向 （表现型和趋向型）	以超越他人为标准设定目标 通过学习来强化自身并做出总结反馈 当获取奖励时保持努力 逃避可能失败的任务 不愿寻求帮助 需要外部激励
以成绩评估为目标导向 （表现型和逃避型）	以避免被称为无能为标准制定学习目标 在学校滋事 讨厌学习；避免参与 畏惧事变 固定心态 不愿寻求帮助 是一个表层学习者 需要受到外部激励

表6.1列举出了学习者的常见特征，目的是让所有的学生都向着掌握型和趋向型学习者发展。在目标设定过程中，先确定他们是属于哪种类型的学习者，然后鼓励他们向掌握型和趋向型学习者发展。

目标等级

为目标设置顺序和等级，这使得他们同时具有高效性和互动性。"等级"这一术语在这里并不意味着一些目标要比其他目标更加重要、更加有影响力。目标等级意味着次要目标也会影响主要目标，并与主要目标互相作用，从而使两种目标共同实现。次要目标容易得到外部的验证和激励，然而主要目标则更加需要内部的推动。通过互相影响，所有的目标都在一个反馈循环中运作，使不同等级的目标得到相应的调整。在目标等级框架中的反馈循环会在本章中进行解释。

目标等级的框架

学习过程需要辨别目标实现的价值、计划实现目标的方式和实现目标，并想办法提高成绩。图 6.1 是一个帮助学生设定目标的提纲，这些目标相互关联，自我调节，影响着不同的生活领域。同时，这些不同等级的目标也互相影响，使生活更加完整、充实。参与任一级别目标的实现过程将会导致参与其他目标的实现。图 6.1 描述了目标等级结构的每个层次（图中进行了详细地显示）。

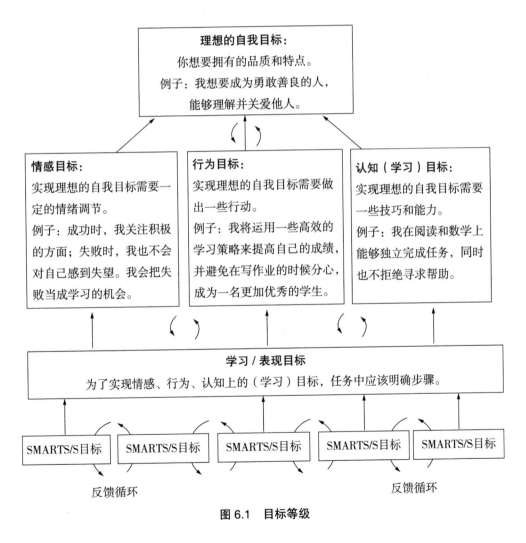

图 6.1　目标等级

理想的自我目标

根据人文主义心理学家卡尔·罗杰斯（Carl Rogers，1951）的标准，理想的自我就是能够变成自己想成为的人。这个人是由你的生活经历所创造的，包括你与榜样之间的交流互动和你在社会上、学校里的经历。一般来说，理想的自我被定义为努力获得良好性格和优秀品质，避免消极倾向的自我。

应该造就的积极品质，比如：

- 富有同情心的
- 忠诚的
- 勇敢的
- 有目的性的
- 有礼貌的
- 能屈能伸的
- 富有创造力的
- 灵敏的
- 优美的
- 周到的
- 可靠的
- 值得信任的
- 勤奋的
- 睿智的
- 和蔼的

应该尽量避免的消极倾向，比如：

- 独裁的/专横的
- 虚伪的
- 不忠诚的
- 不守时的
- 容易分心的
- 卑鄙的
- 无能的
- 自私的
- 不耐心的
- 粗心的
- 轻率的
- 不合作的
- 易变的
- 不宽恕的
- 顽固的
- 讨人厌的

在指导学生们制定理想的自我目标时，教师必须考虑到孩子的年龄和经历。著名的发展心理学家和哲学家让·皮亚杰（Jean Piaget）拓展了儿童认知发展的理论。这个理论将孩子的认知分为四个阶段：

感知运算阶段（从出生到2岁）：行为表现缺乏逻辑思维感。孩子从反馈性反应转向与环境互动。这是一个获得真实世界心理表现的发展时期。

前运算阶段（2岁至约7岁）：这是一个以自我为中心的阶段。孩子通过他或她自己的眼睛看世界，但还不能认识到其他人对世界如何运作有不同的观点或看法。

具体运算阶段（六七岁至13岁左右）：在此阶段，儿童的逻辑和推理开始发展。他们开始像成人一样思考，思考过程更加成熟。归纳推理是一种普遍的思维过程，即从广义的经验中得出推论。演绎推理，即从经验中预测结果，孩子在目前阶段这种能力仍是有限的。这个阶段的孩子可能很难产生合乎逻辑的解决方案。

形式运算阶段（约11岁至15—20岁）：这个阶段智力的外显行为是通过使用符号表示抽象概念。孩子可以用假设和演绎推理来解决问题。这是抽象思维、元认知和更复杂的问题解决技巧的发展阶段。

当你引导学生设定目标时，要考虑每个阶段学生的认知能力。

幼儿园—小学一年级（前运算阶段）：教师建构宽泛的班级或年级水平的目标——所有的学生都在为同一个目标而奋斗。例子："我们想成为善良和有用的人。"

小学二年级—小学后期/初中早期（具体运算阶段）：教师协助学生塑造出理想的自我形象。以孩子认识的人（例如父母、教师、信仰的领袖和护理员），文学、电影和电视节目中的人物，或地方上的名人为例子。让榜样尽可能贴近孩子的生活，并尽可能多地使用具体的事例，因为在成长过程中，那些远离他们的抽象事物（例如历史中的领导者/人物）对他们来说可能很难理解。

初中以后（形式运算阶段）：在大多数情况下，这个年龄的学生将会处于自我调节的支持和放手阶段，学生能够制定自己理想的自我目标。在他们的个人圈子里，通过学术和其他媒体，学生将会遇到无数的榜样。在设定目标时，这些学生也开始思考历史上的名人或杰出人物的特点。学生在自我调节的起源阶段或干预阶段，需要更多的教师支持，寻找合适的榜样以建立理想的自我目标。请参见图6.1和本章后面附录中的"创建理想自我目标的组织图示：初中阶段"，以获得指导学生创建目标的更直接或间接的步骤。

ABC 目标

目标等级中理想自我目标的级别较高，下面包含了涉及情感、行为和认知（ABC）三个维度的目标。在图 6.1 中，每个 ABC 目标都以学生将要做的和学生将要避免的作为具体的任务。当发展理想的自我目标时，我们有很多想要达到的目标和应该避免的倾向。研究报告表明，我们想要达到的目标，比如"我想在这学期的数学课上得到 A"，对做一项活动有积极的态度或吸引力，这将导致更高程度的内在动力（Elliot and Mc Gregor, 2001）。我们想要避免消极的倾向，比如"我想要躲开那些对学校说坏话的态度消极的同伴"，消极的情绪会导致恐惧或愤怒。理想的自我目标会对学生产生强大的影响，他们需要认真管理生活中的消极因素，从而成为更有动力的学习者。

正如著名心理学家卡罗尔·S·德维克（Carol S. Dweck）博士在她的代表性著作《成长心态：新成功心理学》中指出："成功是使你成为最好的自己，而不是比别人更好；失败是机会，不是谴责；努力是成功的关键。"这是学生在制定 ABC 目标时应该坚持的理念。

情感目标（A）

情感目标是保持积极的学习态度，并避免因失败而产生消极情绪。

小学阶段。小学生应该制定一个课堂或年级的目标，将重点放在学习的乐趣，以及在事情没有达到预期时如何管理感受之上。情感目标中课堂目标举例："我们会在学习的同时获得乐趣，并知道错误会帮助我们变得更好。"目标是在前运算阶段理解的基础上形成的——学生大多是以自我为中心，在他人享受成功时他们无法接受失败。注意这个年龄段学生学习共同体目标的本质。

初中阶段。对于中学生，设置情感目标的重点应该放在这个年龄阶段以自我为中心的这一内在特点上。另外，应该重点建立趋向型–逃避型的情感目标，并形成一个"我"语句，例如，"当我从错误中学习并获取成功时，我会更加专注那些积极的感受，这样才能有所改进"。

高中阶段。一般来说，高中生有更多的生活经验来形成他们的情感目标。青春期是一个不稳定的时期，特别是在情感发展方面。位于大脑额叶的执行功能，以及位于边缘系统或中脑的情绪调节功能，在青春期快速发展，趋向成熟。因此，对于这个时期的学生，有必要制定趋向型－逃避型的情感目标。那些曾经有过情感自我调节经历的学生，在情感上更加成熟。这些学生在创建有效目标时不需要过多的帮助。那些之前没有积极模仿和获得支持的学生在情感目标的建立上不太成熟，而那些缺少积极情绪支持或者有过消极学习经历的学生，很难以积极的态度看待这个世界。制订计划能够让这些学生在目标设计方面得到更直接的支持，特别是以乐观的方式设定目标。一个高中生情感目标的例子："我会专注自信，并学会接受错误、失误甚至是失败，把这些看作是进步的机会。"

行为目标（B）

行为目标集中在行动、行为举止，以及与环境之间的相互作用。有证据表明，我们的情感（我们的感受）与我们的行为直接相关。在设定行为目标时，学生将重点放在他们在学校和家中的行为和互动上，从而对他们的成绩产生影响。与情感和认知目标设定一样，我们应用趋向型－逃避型框架。

小学阶段。小学生的行为关注点是与他人和谐相处，遵循指示，共同努力。教师将学生的行为期望与教学目标结合起来，使学生感到对目标拥有主动权。用学生可以理解的方式解释说明课堂或年级学习的目标。避免使用模糊的、间接的（如"可敬的"或"持久性"）或抽象的术语，使用更直接和更精确的术语（例如"即使在困难时也要继续尝试"）。虽然使用趋向型－逃避型目标能够直接或间接地指导学生的行为，这是非常重要的，但请注意，在这个年龄段，目标无论是趋向型还是逃避型，都应该以积极的方式进行表述。举一个小学课堂／年级目标的例子："我们之间关系很好，在对方说话时，我就不说话。"对学生行为的研究表明，形成肯定的规范或目标会对学生在课堂情境中的行为表现产生重大影响。

初中阶段。中学生可以针对课堂环境和校外生活设定行为目标。这个阶段的典型目标可能是"我会遵循课堂规则，避免扰乱他人"。尽可能保持目标的正面积极，学生可以使用术语"避免"来设定此阶段的目标。

高中阶段。行为目标会对那些遵循课堂和学校规则的学习者产生影响，影响他们的整体学习动机和学习参与度。目标应该具有挑战性以避免学生分心，并鼓励学生困难时刻不言放弃。高中生的行为目标可能是："我会每晚在学习之后进行自我测试，并使用'20∶2法则'[①]来避免注意力分散或精神疲惫。"

认知目标（C）

认知目标是实现更高层次的理想自我目标所必需的技巧和能力。这些是学校学习最具体的目标。认知目标还包括元认知和基本认知的思维水平。一般来说，认知即思维。思维有多种形式：注意，记忆，决策，评估或判断。思考可以是内省的（对你有意识的想法和感觉的内在检查，通常称为反思），或者对管理环境的表层予以关注。

目标设定中的元认知要求学生反思自己的思维过程以实现目标。例如：（1）设定使用助记策略的目标（如：句子"Every Good Boy Does Fine"，用助记策略相当于 EGBDF，高音谱的音符和 FACE 都可以作为高音谱空间中的音符）；（2）记住事实或陈述性知识；（3）目标指向如何完成一项活动（也称为程序性知识）。

基本认知目标要求学生通过概括和原则进行概念式地思考。例如，当学生研究水循环时，他们应该不仅仅思考"什么"是一个水循环（事实性/陈述性知识），而是思考"为什么"会形成水循环。

小学阶段。认知目标应以广义的、通用的术语为基础，以解决早期的

---

① 20∶2法则：20分钟内不间断学习，休息2分钟，做一些不同的事情（比如散步、看社交媒体、听歌等）。

学习问题和建立概念性的关系。建议在小学低年级阶段建立班级目标，并在小学高年级阶段构建个人认知目标。一个班级认知目标的例子是："我们将在数学解题中使用四步问题解决过程，当我需要时会寻求帮助。"这四步问题解决过程是：（1）问题是什么；（2）我将使用 +/− 来解决问题；（3）我是否正确地解决了问题；（4）我是否检查问题了。

初中阶段。设定个人的认知目标支持独立思考的培养。让学生思考他们擅长什么，在哪些内容领域他们想做得更好。专注趋向型–逃避型目标框架。在这个年龄阶段的学生可能会形成这样的想法，比如："我很擅长阅读，并且会继续督促自己阅读更复杂的读物。因为我在数学方面比较困难，但当事情变得困难时我不轻言放弃，而是寻求帮助。"

高中阶段。高中生应该关注那些他们能够成功，或是需要奋斗的领域。认知目标应该是特定于思考和提问技巧的。帮助学生将他们的目标建立在更深层次的反思和思考策略上（如批判性推理和决策工具）。例如，"我将使用演绎推理和归纳推理来解决复杂的问题，同时避免简单的陈述性回答。"

学习 / 表现目标

学生已经准备好来界定他们在学习中要做的事情了。目标设定、管理和反思是现阶段的关键要素。学生在学习活动之前设定的目标质量会影响他们学习的动机。正如齐默尔曼等人所定义的，高质量目标可以对学习者产生四种激励效应（Schunk and Zimmerman，2008）。

第一，一个目标可以让学生专注于任务的选择，并关注与目标实现相关的任务。目标的具体性可以帮助学生排除不相关的信息或杂务。这也帮助学生保留与当前任务最直接相关的信息。

第二，一个高质量的目标有助于学生了解应该在什么时候、哪些方面多下苦功。

第三，设定高质量目标的学生懂得坚持，比起那些设定糟糕的目标或根本没有目标的学生，他们愿意为实现自己的目标而努力。

第四，设定高质量目标的学生能够获得更大的自我满足感，这对未来的目标设定、监控和实现都有持续的影响。感到成功可以带来更大的自信，从而获得更大的成功。

建立高质量的学习/表现目标

学习/表现目标与学生单元学习内容相关。在设定这些目标之前，学生需要知道他们应该理解什么（概念上），能够做什么（程序上）以及知道什么（事实上），并在日常课程目标和整体单元计划中设置这些信息。中学教师可以在课程大纲中说明这一点，小学教师可以做一个小型课程（简要介绍）或对整个单元进行概述，使其目标明确。

具体说明课程和单元获得的成果。学生应该能够从整个单元学习中界定学习期望或合理的"获得"。这种清晰具体的目标能够帮助学生将以前的经验与未来的学习结合起来，并注意到之前课程中学到的信息非常重要，对将来的学习意义深远。

为单元层级的学习设定目标可能有点困难；可能有太多需要考虑的地方，或者学生可能无法很好地处理应该学或可能学的东西。在这种情况下，引导学生在学习过程中寻找完成任务的具体步骤或朝着可能发展的方向列出完成任务的具体内容，但也要避免让学生过于密切或狭隘地关注该单元。请记住，课程是学生继续学习的起点，应该认真考虑主题是否有趣，材料是否重要，又或是思考技能对未来发展是否必要。

超级智能目标框架 SMARTS/S 目标设定方法

让学生使用超级智能目标框架 SMARTS/S 设定目标的方法。这个模式为学生提供了明确的方法，能够更好地实现目标。学生越是关注目标，就越有可能实现目标。在这个框架中应注意，目标具有明确具体的特点和可测量、可评估的性质，并体现目标意识、目标调整的灵活性，以及向更高技能发展的方向。

学生一起学习时应将目标设定为小组的集体努力。小学生还不够成熟，不能够独立设定这些类型的目标。如果教师设定 SMARTS/S 的课程目标，并示范为实现目标进行的日常关注点，最终学生就会学会如何设定自己的目标。当学生以小组作为一个整体不断地练习如何设定学习／表现目标，他们就有可能在没有很多提示和帮助的情况下，设定自己的 SMARTS/S 目标。首先使用本章附录中的图示（"创建理想自我目标的组织图示：小学、初中和高中阶段"），最后让学生创建自己的方法来陈述和监控他们设定的目标。

超级智能目标框架 SMARTS/S 目标框架

高质量目标是遵循超级智能目标框架 SMARTS/S 模式的目标。

具体（S）：目标越具体，学生就越有可能衡量实现目标的进度。学生应该避免泛泛的目标，因为那样的目标更难衡量，不太可能实现。

正例：我将在晚上 8 点之前阅读 10 页《杀死一只知更鸟》。

反例：今晚我将尽可能多地阅读《杀死一只知更鸟》。

可衡量（M）：学习者在目标中说明衡量成绩的标准，以便跟踪进度，在需要时对目标进行调整，并付出更多努力来达到目标。可衡量的目标回答一系列问题，如："哪里""什么时候""多长时间"和"多少"。

正例：我将在课堂上正确完成至少五个数学问题。

反例：我将尝试在数学课结束时解决一些数学问题。

可实现（A）：目标具有可实现性，这是学生循序渐进能够感知到的（"只要我努力工作，我就能做到这一点"）。

正例：昨天，我在西班牙语课上能够正确使用一个动词。今天，我将在西班牙语课上正确使用三个动词。

反例：我将在西班牙语课上学习更多动词。

现实（R）：学生为自己设定的目标必须在他们的能力范围内（技能）。这时教师对学生能力的了解对于帮助塑造质量目标至关重要。如果学生高估了自己的能力，他或她可能会设定一个无法达到的目标。目标也应该是学生个人想要实现的目标，如果根据他人对学生的看法或愿望设定目标，就会导致目标不太可能实现，甚至与其他目标相互冲突。

正例：我想更好地理解内战的原因和影响，因此，我将在这段学习时间阅读至少 10 页的文本，并能够确定至少三个内战的原因。

反例：我的父母希望我在美国历史课上获得 A，因此，我将在本学期尽可能努力工作。

及时（T）：学生应该写出符合其长期目标的短期目标。对学习的进步给予经常的、全面的反馈能够指导学生走向成功，因为学生可以运用反馈来纠正或改变学习习惯。

正例：我的短期目标是在这段做数学题的时间里能够自己正确地完成五个问题，这样我就可以实现我的长期目标，即在期末考试中获得 90 分以上的成绩。

反例：我想在数学期末考试中获得 90 分以上的成绩。

成功策略（S/S）：最复杂的目标等级设定包括从策略（离散意识行动）到技能（自动化）。学生可以学习如何有效地应用策略，并可以告诉你他们在做什么以及他们为什么这样做。当学生变得熟练时，他们会从各种各样的策略中解决问题和完成任务。例如，在阅读时，策略层面上学生必须有意识地决定在处理不熟悉的词汇时，使用哪种策略，例如分析关键词汇、发音、在词典中查单词，或者在互联网进行搜索。在技能层面上学生不需要停下来考虑个人策略，他们会流利地阅读并主动应用策略。主动学习的学生可以放手认知功能，专注于文本中更复杂的方面。技能型读者是以结果为导向，而策略型读者则以过程为导向。

具有较高自我调节力的学生在学习中更注重结果。他们以更全面的方式学习，将主题的高水平产出视为目标。自我调节程度较低的学生更有可能专注于实现绩效的过程。这些学生通过设置具体的、可管理的步骤来学习，从而获得更高的学习能力。在目标设定过程中，学生应设定绩效（策略）和结果（技能/学习）目标。教师通过每天讲授多种策略来支持学生设定目标，并展示如何实践策略，展示如何促进更多的技能发展和学习。

正例：在这个数学阶段，我将使用六种策略中的一种来解决数学问题，这样我就可以在本学期提高数学能力。（解决数学问题的六种策略：绘制图片，逆向推导，猜想和检验，查找模式，制作列表，制作表格。)

反例：通过正确解决更多问题，我会更好地学习数学。

目标设定过程的教学

教学目标设定的过程应从 S 开始，通过剩余的字母 MARTS/S 所代表的步骤依次完成。从表 6.2 中可以看出，教师可以确定个别学生在自我调节的哪个阶段开始学习，然后，教师引导学生运用各种策略完成 SMARTS/S 目标设定。

示例：你的四年级课堂中有一组学生在设定目标方面几乎没有体验。这些学生将在自我调节的起步阶段设定特定的目标，可以运用教师演示的目标。在表 6.2 中，它位于"具体"行和"起步"列中。另一组学生在设置特定目标（参见"具体"行和"放手"列）方面做了大量工作，并且可以设置他们自己的目标，但是他们处于表中起始阶段的"可测量"行。学生将以不同的速度在这个模式下进步，因此教师应该准备好区分学生的目标设定过程。在本章中，你将找到一些组织图示，以协助开展差异教学过程。

表 6.2　目标设定阶段

自我调节目标设定的阶段	起 步	干 预	支 持	放 手
具体	教师演示如何编写具体目标。	教师提供组织图示来设置特定目标。教师检查学生的工作。	学生使用组织图示或他/她选择的格式编写特定目标。教师检查其明确性。	学生写出具体的目标。教师在学生需要时提供帮助。
可衡量	教师演示如何用不同的衡量方法评价目标，并向学生展示哪种衡量方式最好用。	教师指导学生为目标选择正确的评价方式。学生根据教师的推荐完成组织图示。	学生决定使用哪种评价方式来量化他们的目标。教师检查准确性。	学生选择目标的测量方法。教师在学生需要时提供帮助。

续表

自我调节目标设定的阶段	起 步	干 预	支 持	放 手
可实现	教师演示自己如何有意识地在设定目标时考虑个人成长的可能性,并持续谈论如何达到目标。	教师为学生提供时间思考并讨论在任务/目标结束时可能发生的事情。给学生提供一个组织图来写出他们的想法。	在小组中,学生决定在任务/目标结束时他们认为可以实现的目标。个别学生在教师或同学的支持下设定目标。	学生单独选择他们认为在任务/目标结束时可以实现的目标。学生在需要时可以在教师或同学的帮助下设定目标。
现实	教师演示如何创建一个现实的目标。告诉学生"黄金原则"。(这是对的!)	教师为学生提供关于他们优势和局限性的反馈,并直接帮助他们创造一个"恰到好处"的目标。	根据过去的表现,学生选择一个现实的目标,教师复查是否目标"恰到好处"。	学生设定自己的挑战性目标。如有必要,教师可提供反馈。
及时	教师分享短期目标以及他们如何建立长期目标,学生模仿教师的方法。	教师为短期目标提供组织图示,以实现长期目标。教师协助学生设定目标。	学生设定短期目标,以辅助教师设计的长期目标。教师审查短期目标的准确性。	学生设定自己的长期目标,不断支持短期目标,以达到成功。如有需要,教师可以提供咨询。
成功策略	教师定义策略和技能之间的差异。教师演示自主策略如何导致技能发展。学生关注正在学习的策略。	教师为学生提供一系列已学习的策略。学生选择哪些策略会帮助他们实现目标。	学生定义可用于任务/目标实现的策略。学生定义目标陈述中需要改进的技能。教师检查准确性。	学生说明目标将涉及哪些技能,并列出实现该目标的各种策略。必要时,教师可以提供咨询。

给予反馈

反馈对于目标的开发、维护和实现至关重要。反馈循环是针对实现目标的方法进行控制与调节的过程。通过反馈，学生可以最大限度地发挥他们的潜力，提高他们对自己优势和局限的认识，并确定改善绩效的行动。在设定目标时，他们使用反馈循环来调整、修改、退出或重新启动操作。目标设定过程中各个阶段的反馈对于在更高层次目标（理想自我）和更低目标（SMARTS/S）之间移动至关重要。它可以是非正式的（例如与学生或学生之间的一般性对话），也可以是正式的（如形成性或总结性评估）。这种类型的反馈通常发生在学生完成目标设定之后。

积极的或消极的反馈

在动机上，学生对积极和消极反馈的反应不同。积极的反馈可以增加学生对目标的动力。学生在尝试和努力中感到积极的反馈是有效的，并能增强学生的自我效能感，帮助他们保持对未来成就的关注。使用积极的反馈可以鼓励孩子在追求目标上投入更多的精力。感觉成功可以培养学生对高难度目标的信心。

积极的反馈可以对动机产生有用的影响，消极的反馈通常会对动机产生负面的影响。消极反馈会降低信心或学习的参与度。在某些情况下，消极反馈可视为惩罚，并可能引发逃避型行为。接受消极反馈的学生有可能降低自己对成功的期望，从而导致一种固定的失败心态。

我们应该将所有直接或间接的互动视为对学生的反馈行为。直接行为可能是那些有助于学生实现目标的行为，而间接行为可能是学生从教师和他人那里感受到的非语言交流。这些行为通常发生在行动或学习或追求目标时期。

由于我们绝大部分的沟通都是通过非语言渠道（例如：我们眼中的表情；赞同或不赞成时我们的神情；微笑，点头，手势等），教师必须始终意识到自己无意的行为可能会成为一种对学生的反馈。

内在和外在的奖励

实现目标的动机可以被视为内在和外在系统奖励的组合。内在奖励是指在做好工作时获得的个人满足感,外在奖励来自个人以外的奖励,如证书、金钱、文凭、奖杯和缎带。当学生专注于外在奖励时,他们有可能将自己的成就水平与他人进行比较,衡量自己与他人的价值,这种情况下就会减少他们对所学内容的注意力。最终,这种比较会破坏他们的幸福感(Lens and Vansteenkiste in Schunk and Zimmerman, 2008)。更具内在动力的学生会更加深入思考,在学业上表现得更好,更有效地管理时间,更专注,辍学率更低。使用积极反馈可以将那些外在动机的学生转向更具内在动机的学习者。

当学习者发现反馈信息的价值时,特别是当他们发现信息来源值得尊重或值得信赖时,反馈的效果最好。如果学生觉得教师支持他们,关心他们,让他们面对成功拥有健康积极的态度,那么当他们朝着目标前进时,就更有可能"听到"你的提示与告诫。

目标反馈循环

学生设定目标,必须考虑他们所处的位置与期望的终点之间的差距。当意识到这种差距时,他们就可以计划采取适当的行动来缩小差距。图 6.2 是使用首字母缩略词 G-MARC 的目标反馈循环图。

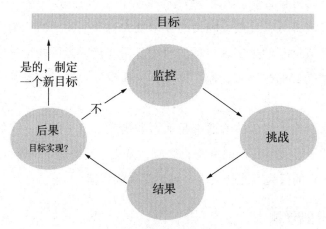

图 6.2 G-MARC 反馈循环

反馈循环回路的几个部分是：

目标：期望的结果或终点是什么？

监控：在循环回路的第一个循环中，学生应考虑实现目标所需的内容（例如资源、动机、时间、努力等）。在后续的循环中，学生进行差距分析以找出如何不断接近目标的方法。

调整：是否需要更多或更少的资源、时间、精力等？

结果：调整的结果是什么？

后果：孩子是否实现了目标？如果没有，则通过监控或执行差距分析，再次开始该循环过程。当目标实现时，循环结束。

有价值的反馈应该是：

具体的：为学生提供有关如何监控、调整或改进的具体信息。模糊或主观的信息不能为学生提供明确的目标方向。

受众适当：用学生理解的语言提供"恰当数量"的反馈。使用学生不熟悉的术语或者他们没有参考背景的术语会引起困惑。一次性过多的反馈也会让人不知所措，并且在指导学生进行下一步时缺乏明确的方向。

相关的：重点关注目标方向的反馈。不相关的信息只会使学生感到困惑，并可能使他们远离目标。

及时的：尽可能使反馈接近行动或表现。为了影响学习的变化，学生需要相对快速的反馈来进行调整或更正。对某项行动或表现的反馈信息延迟则可能无法被学生"听到"或引起他们的反应。请记住，反馈并不总是来自教师。学生可以与其他人一起检查列表中的操作或使用互联网程序。

正在进行：学生需要在整个学习过程中（行动之前、期间和之后）实时接收反馈。持续使用反馈可以帮助学生监控自己的表现，帮助他人监督他们的表现，减少对教师指导的依赖。

最后，要完全实现目标，学生必须知道如何实现目标。因此，他们需要具体的策略来实现目标。

本章小结

在本章中,目标过程的定义从构建目标的框架开始。在目标层次中,学生必须决定理想的自我目标、ABC 目标,以及使用超级智能目标框架 SMARTS/S 设计的学习/表现目标。实现各级目标的基础是使用反馈循环,为学生提供准确、适当和一致的反馈,指导他们取得更大的成就和学习自主权。

附录:

用于创造理想自我目标的组织图示:小学阶段

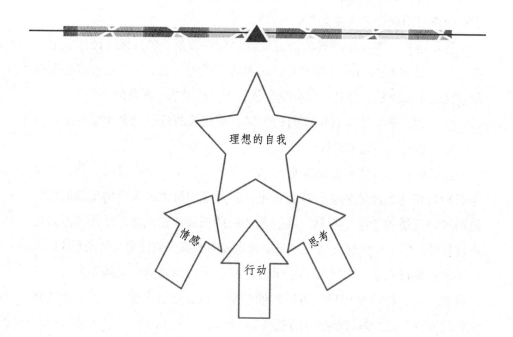

取自理查德·卡什《自我调节课堂》,2016版。本页可供个人、课堂或小组作业复制。如有其他用途,请联系 Free Spirit Publishing Inc. 授权,网址:www.freespirit.com/。

用于创造理想自我目标的组织图示：初中阶段

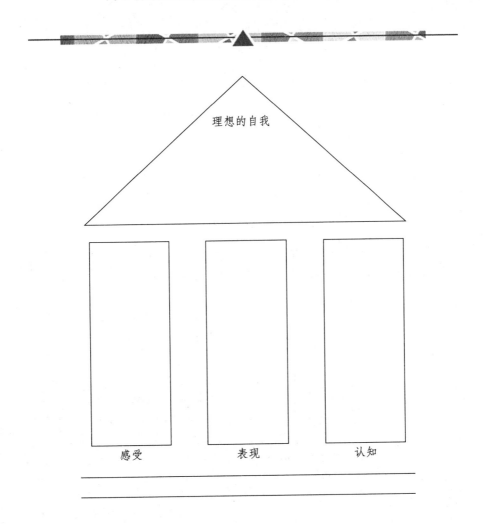

取自理查德·卡什《自我调节课堂》，2016版。本页可供个人、课堂或小组作业复制。如有其他用途，请联系Free Spirit Publishing Inc. 授权，网址：www.freespirit.com/。

用于创造理想自我目标的组织图示：高中阶段

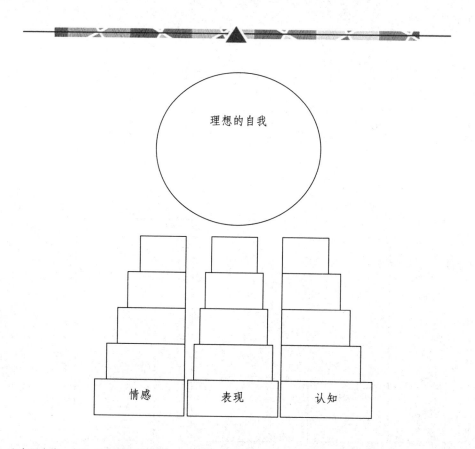

取自理查德·卡什《自我调节课堂》，2016版。本页可供个人、课堂或小组作业复制。如有其他用途，请联系Free Spirit Publishing Inc. 授权，网址：www.freespirit.com/。

第 7 章

保持关注

> 我努力地学习,才知道努力学习的价值。
>
> ——玛格丽特·米德(Margaret Mead)

今天大量的唾手可得的信息使许多学生认为学习理应可以快速习得、毫不费力,使得许多学生在学习知识时缺少恒心、没有毅力,也不想付出耐心。因此,很有必要纠正这种现象。教师和家长应该指导学生在学习过程中切实应用自我调节工具,以帮助他们集中注意力、避免分神、管理时间、梳理知识和实现目标。本章将提供大量的主意、策略和技巧,以帮助学生在课堂内外保持关注。

为了更充分地利用本章节的内容,请考虑以下哪些问题是学生纠结的难题,需要学生运用策略好好钻研。当学生有相同的问题时,结合适当类别的策略来满足他们的需求。还要记住,学生遇到的难题可能不会仅仅是以下问题中的某一个问题。因此,使用策略组合将是最有效的。本章为拖延、分心、时间管理、组织、压力管理和无聊这几类学生遇到的问题提供支持——也就是说,我们将在本章中发现如何培养学生坚持不懈的意志,也就是对管理和实现学习目标的持续坚持。

拖延：什么阻止我们开始？

坚持不懈是持续参与并努力完成任务的能力。坚持的敌人之一就是拖延。拖延是推迟或缺乏动力启动为实现目标而需要完成的任务。我们都饱受各种程度的拖延之苦，从小事情（"我过会儿再做"）到大事情（"除了那件事，我会做任何事"）。当拖延变得阻碍或产生压力时，就是时候处理拖延这个问题了。拖延的发生有以下一些原因：

◇一个人在一定时间内能完成任务的虚假安全感。
◇对"在压力下工作得更好"的误解，这实际上限制了一个人控制结果的选择。
◇对自己的能力缺乏自信。
◇对自我的不切实际的期望（由自己或他人设定）。
◇逃避挑战目标。
◇过度安排（太多其他事情要做）。
◇时间管理不善。
◇对过程的价值感或认同感降低。
◇需要外部操纵。
◇需要外在奖励（只有当我得到……时，才会这样做）。
◇紧张和压力。
◇没有认识到失败是反复拖延造成的。
◇喜欢最后一刻还在做事情的兴奋。
◇任务难度大。
◇缺乏做事技巧。
◇害怕失败。
◇完美主义。

因为拖延有各种各样的原因，所以没有唯一的方法可以帮助学生克服这个问题。但是，我们可以帮助他们确定哪些是拖延，哪些不是。以下行为并不表示拖延：

◇ 等待灵感的火花。

◇ 被困在车辙中。

◇ 在开始之前仔细考虑一个主题。

◇ 延迟满足。

◇ 从项目中抽出时间充电。

◇ 花时间将想法与其他想法联系起来。

◇ 慢下来"闻闻玫瑰花"或看看其他选择。

当我们确定拖延者并且学生也意识到自己有拖延的问题时,我们可以引导他们完成一些任务,以减轻或消除他们的拖延,帮助他们更好地培养更强的自我调节感。以下是帮助学生避免拖延的一些方法:

◇ 反着做或者逆向思考。

——如果你想"明天"这样做,那今天就去做吧。

——如果你觉得它太难了,那就重复一遍:"尽管可能很难,但我能做。"

——如果你认为自己没有技能,请说:"我确实拥有技能,但可能需要别人帮忙。"

——如果你感到失控,一定要控制住。

——如果你认为自己没有时间,请留出时间。

◇ 知道什么时候"足够好"。

◇ 为自己的开始、坚持和完成表扬自己一下。

◇ 知道会犯错误——但错误是学习机会。

◇ 寻求帮助——寻求帮助不是弱点的表现——这是良好品格的标志。

◇ 短暂休息,以振作、充电和恢复活力。

◇ 赞美自己并接受别人的赞美。

◇ 请参见表7.1以及本章附录中的表格。

表 7.1　拖延——赞成 / 反对 / 问题示例

+ 赞成拖延	- 反对拖延	? 问题/未知
我有更好的事情要做。	如果我现在开始，我可以及时完成它，做我想做的。	我需要多长时间？如果我没有截止日期，会有什么后果？
我不知道从哪里开始。	我应该从某个地方开始，至少我会开始。	我会上正轨吗？我可以请某人检查我是否选择了一个好的起点吗？
我不喜欢这个主题。	也许我会从这个主题中学到一些东西。	我的教师会允许我切换主题吗？我可以找出与我的兴趣有关的一些东西吗？

◇使用你的 ABCs。

——情感：任务完成后感觉如何？

——行为：我需要做些什么来完成它？

——认知：哪种思维工具最有用？

更多关于帮助学生改善拖延的办法：

◇将任务分解为更小的步骤，这将使整个项目看起来更易于管理。

◇设置可管理的时间限制（我将工作 20 分钟，或者我将每天在项目上学习 1 小时）。

◇从小事做起，随时随地开始。

◇告诉别人你的计划——这将帮助你掌控学习，因为你知道别人已经清楚你的计划。

◇寻找一个学习伙伴——一个会鼓励你、引导你并帮助你的人。

◇改变你的环境——经常更改你工作的位置——这将为你提供全新的视角，并可能使每次整体工作看起来都是新的。

◇接受将会出现的挫败——为挫折、障碍、中断和那些意外情况做好准备。

避免分心：保持专注

当今的学生必须学会避免在日常的学习生活中不断分心。从智能手机、短信到社交媒体，我们的孩子都会受到不间断的信息轰炸——并非所有信息都有助于他们实现目标。分心和拖延交织在一起——一个会引发另一个。因此，教会学生如何避免或至少延迟注意力分散是有效学习的强有力工具。

帮助学习者避免干扰的策略是：

◇明确自己是一个学习者。确定最佳学习方式。无论是通过阅读信息、聆听新想法，还是进行有助于理解某个主题的活动，了解自己的学习方式可以帮助你专注于完成任务而不会分心。

◇在开始一个项目之前，避免分心。花点时间提前将干扰从你的项目中清除出去。

◇用"不会"代替"不能"。不要把分散注意力的事看作是你不能做的事情，只需把它看成你不会去做的事情。比如，"不能思考"（"我在学习时不能给我的朋友发短信"）是"失控"的思考，这意味着你对自己的行为可以不负任何责任。然而，"不会思考"（"我在学习时，我不会给我的朋友发短信"）意味着你可以控制自己的行为和想法。

◇在白天设定一个注意力集中的时间关闭社交媒体，不看短信，只使用互联网搜索资料或构思想法。

◇找一个能帮助你完成任务的学习伙伴。明智地选择这个人；你应确保这个人也会集中注意，避免分心。

◇列提纲、制订计划或应用计划表来决定需要做什么，对你正在做的工作加上时间限制。

◇按照你的提纲或计划进行学习，或创建优先列表。一次只做一件事。另外，决定今天是否需要完成所有事情，或者是否有些事情可以放到下一个学习时间里完成。

◇腾出点时间分散注意力。集中注意力一小时，就给自己5～10分钟的时间来做点其他的事情，发发短信或看看社交媒体（限制这些时间，对你来说这些限制能够实现）。

◇经常改变你学习的地方，给你的思考和学习带来新鲜感。研究表明，当我们经常改变位置或处于新环境时，实际上会增强记忆力，比平时记得更多。

◇列出并消除那些可能会分散注意力的事情。你应该将手机放在另一个房间，关闭音乐，或者告诉你的朋友，从早上 8 点开始到中午，你不用电话。清理空间，免受干扰。

◇知道如何在分心后回到正轨。有些事情是无法忽视的，例如妈妈的电话、消防演习或通知公告。那就花点时间放松一下，然后再重新集中注意力。

◇当你分心时，调整你的时间框架以适应分心。如果你在完成任务期间花了五分钟给朋友发短信，那么就将学习时间延长五分钟。不要认为这是惩罚，而是将其视为可以掌控的调整。

◇不要让别人控制你的注意力。避免靠近那些不会自我调节的学生，或和他们坐在一起。不要让他们打扰你。如果他们这样做，请寻求教师的帮助来调节你所处的情境。

◇当你达到目标时奖励自己。如果你计划 50 分钟无干扰地学习，并且成功了，给自己一个奖励，做一些有趣的事情，或者去社交媒体上告诉别人你的成绩。

让学生通过避免分心来反思自我调节的 ABCs：

◇情感：在我学习的时候如果分心／不分心，会是什么感觉？

◇行为：我可以做些什么来避免分心？

◇认知：我需要记住什么才能让我控制分心？

时间管理

当今世界，节奏快，干扰信息多，学生应该学习如何管理自己的时间。对于在课堂之外有活动或责任的学生，这可能是一个关键的"遵守或破坏"的技能。在某些情况下，学生几乎无法控制自己的时间，因为总是由其他人（如教师或家长）进行管理或监督。当学生可以控制时间进行输入和输出时，他们就需要策略和练习，让时间为己所用，而不是消磨时光。在管理时间的过程中，学生将获得更好的学习自我调节。那些对时间管理做得好的人往往压力较小，生产力更高，成绩也更高，能创造更多的机会，对生活有更高的满意度，能有效地完成工作，按时完成工作，获得良好的声誉，在组建团队时受人欢迎，并有更多的空闲时间。以下的想法——有些也在本书前面讨论过——可以用于帮助学生改进他们的时间管理。

确定你的日期／任务的优先顺序。每天都要做一个"待办事项"清单。然后，运用"最重要到最不重要"的组织图示，确定在每个任务上花费多少时间。运用"艾森豪威尔矩阵管理和确定任务优先级"的组织图示，以确定最重要和最不重要的任务。正如人们常说的，"不要在不重要的事情上花太多时间"。学会放下小事，这样你也许不会成为一个完美主义者——犯些小错误也没什么。

每天设定时间有计划地进行学习。无论你是否需要，每天都应该花点时间学习。当你需要时，学习就在那里。当你不需要时，你也会发现学习挺有意思。每天安排不超过90分钟的学习时间。让这个时间保持神圣，并让其他人知道，在这段学习时间内，无论是亲历学习还是虚拟学习，你都是不应受到干扰的。设置计时器是个明智之举，让你知道剩余时间还有多少和什么时间终止。如果你精力充沛，你可以一直工作，直到项目自然在一个节点结束，或者到你实在太累无法坚持。庆祝你在学习中的"坚持不懈"。想想是什么让你受到鼓励继续工作以及这让你感觉如何。尝试在下一段学习期间捕捉这种感觉和行为。

弄清楚你想学习的时间和地点。你何时何地能够最大程度上集中注意力？喜欢早上学习的人通常在中午之前已经做了很多成绩，而夜猫子则喜欢天黑后做事。在你学习效率最好的地方，计划你最高效的学习时间。如果你喜欢完全安静，图书馆可能是你最好的选择；如果你喜欢一些刺激的背景，那么在学校公共场所学习则可能更符合你的风格。如果会发生计划外事件，或是朋友、媒体有可能打扰你，尽量避免在这个地方学习。

创建一个整洁的环境。在杂乱无章的环境中，可能会让人觉得有太多事情要做。通过将材料放入文件袋，或以任务或必要结果作为标记的文件夹中，来整理你的学习空间。拥有整洁的空间会增加你的创造性思维和批判性推理技巧。

设定可以实现的现实性目标。如第6章所述，设置在一定期限内可行的目标对于完成项目或任务非常有用。愿意根据每次完成的数量来调整目标。

以电子方式存储文件，便于携带。使用云空间或移动存储盘，你可以在空闲时间随时访问并继续工作。

学会说"不"！有时候我们的时间不够用是因为我们要做的事情太多。当有朋友邀请你一起看电影、玩游戏或与他们进行文字聊天时，请学会对他们说"不"。为了让工作按时完成，要有一些开心的奖励。

睡个好觉。研究表明，学习期间，睡眠质量要比一天的睡眠时间更重要。有些人睡眠时间8小时状态最好，而有些人睡眠时间或多于或少于8小时才能达到良好的状态。绘制一周的睡眠模式，找出你需要休息的时间并找出准备学习一天的最佳睡眠量。计划在整个星期内获得平均睡眠量。睡眠让大脑有时间处理信息，消除压力，平息情绪，保持健康的身体。不要改变自己的睡眠，这对你的成功至关重要。

知道截止日期。使用大张的墙壁挂历或智能手机日历，请注意何时到期，然后向前计划时间安排。从截止日期开始，至少预留两天并将该日期设置为截止日期——这会给你一个缓冲时区，以便在意外（家庭成员要来，一个你不应错过的惊喜派对，有机会见到当地的代表）发生时，你有预留的时间。

预定休息时间。休息可以让大脑有时间消化和处理信息，减少压力，集中注意力。休息可以让大脑从一个主题转移到另一个主题。利用你的休息时间（不超过5～10分钟）赶上朋友的进度，以减轻学习时的孤独感。

庆祝你的时间管理。当你到截止日期前完成了每日待办事项列表中的所有项目时，请花一些时间来奖励你的成绩。给自己一个符合成绩的奖励——可以是一个完成每日日程安排的小奖励，也可以是项目截止日期之前完成任务的一个大奖励。你的奖励应该是实实在在的，在预算范围内，健康且有意义的。要是达不到目标，也不要惩罚自己，下次使用自我调节的 ABCs：

◇情感：当我没有达到目标时，我感觉如何？
◇行为：下次我能做些什么才能实现目标？
◇认知：如何实现目标，才能让我成为更好的学习者？

学会组织

对于许多学生，尤其是青少年来说，组织和保持组织是一项艰巨的任务。当学生缺乏组织能力时，他们的表现会受到影响，导致他们怀疑自己的能力。组织行为对学校内外的自我调节至关重要。组织是管理材料、信息和时间以高效并有效完成任务的能力。对于学生来说，管理包括对每天形成的许多论文、文本、项目材料和想法进行优先排序、安排、构建和微调的能力。本节提供了许多改善学生组织能力的技巧。介绍和实践各种策略将帮助孩子找到最适合他们需求的策略。本章前面部分分享的许多想法有助于获得和保持井井有条。帮助学生保持井井有条的最佳方式是组织教师和课堂环境。考虑对策略进行建模并提供如下示例。

掌握笔记本系统

这种方法可以帮助学生日常管理他们需要的材料。该笔记本是一种三环活页夹，用于存放纸张和材料。活页夹或部分分隔符中的任何一个文件都按截止日期、完成日期和参考事项来安排工作。系统中的各部分应进行分类，以便在需要材料时易于查找，它们由以下部分组成：进行中的工作、已完成的工作和参考文件。

进行中的工作

此部分包含当前使用的文献资料，如家庭作业、课堂阅读或练习单。

可以按班级分类。或按科目分类，然后按截止日期组织，最近的日期为第一个，后面的日期放在后面。让学生在页面顶部以明亮的颜色标记每个页面的截止日期，以便快速查找日期。彩色粘纸便笺或标记也很有帮助，但考虑到粘纸便笺可能会脱落，因此在页面上写下日期会更有效。更多精通技术的学生可以在网络文件中收集和组织材料，然后将每节课或每门课程分成不同的文件夹。这样可以减少丢失、遗留或放错位置的可能性。此外，学生可以快速通过电子邮件将内部网系统中的作业通过电子邮件发送给教师。

已完成的工作

此部分可以放在家中或教室中的同一个活页夹或其他活页夹中。学生可以反思已完成的工作，将这些材料用于其他作业，或者为会议创建一个工作作品集。保留能够反映进步的作业或高质量的作业。减少日后教学纸质材料的一个好方法是将材料扫描成 PDF 文件，然后将其上传到电子"完成的工作"文件夹中。在电子文档中，学生可以为他们正在学习的每门课程或每节课创建文件夹。只要可以访问互联网，上传材料后，无论学生在哪里，都可以访问。存储已完成作品的另一种方法是使用移动存储盘。学生可以为每门课程或科目购买便宜的小型数据驱动存储器。任课教师管理好个人驱动器，以确保驱动器不会丢失或落在某处。

参考文件

这里提到的文件夹、笔记本、移动存储器或网络文件是经常会去参阅的信息集合。可以包括词汇表、撰写好论文的提示、方案、经常需要的公式、时间表和其他必要的提醒；还可以包含一个以"缪斯列表"命名的文件。在古希腊，女神缪斯是知识的灵感来源。当人们试图解决问题或提出新想法时，都会提到缪斯。考虑这个元素，可以让学生创建"缪斯列表"记录和罗列他们的念头、激情、想法和梦想。保存/保留这个文件集合可以在学生需要撰写或学习相关主题时提供帮助。

保持有序的想法

标记所有文件夹、文件、笔记本和纸张。标签应包括你的姓名、截止日期、主题和其他重要信息。确保标签颜色鲜艳，易于识别；每个班级或科目使用一种颜色。

删除材料，避免混乱。如果你不确定是否需要再次使用这些材料，也不想扔掉纸张，那么一开始就请将其扫描成 PDF 文件，并将其保存在移动存储器或网络云端。

腾出空间：无论是在学校还是在家里，尽量为你需要的所有东西腾出空间。在学校，整理储物柜或存储空间，以便轻松找到你要的东西。在家里，准备一个书架、盒子或储物容器，将所有材料（钢笔、铅笔、纸、胶带、U盘等）放在一个固定的地方。这将确保你不会花费宝贵的学习时间来寻找和收集必要的工具。

使用日历或计划安排小程序或软件，在截止日期之前完成应该做的事。许多学生上学时使用计划安排小程序或软件——这些对于组织事务安排和有效管理时间非常有帮助。对于那些更喜欢视觉提醒的人，可以在每个日期用一些小图示，以便提醒每天需要做什么（见图 7.1）。

图 7.1　家庭作业的视觉表示示例

使用应用程序提醒你截止日期和其他承诺。将应用程序下载到智能手机上，该应用程序应该易于使用，并能自动提醒你项目何时到期或第二天你需要些什么。应用程序成功的关键在于不断地输入信息——因为除非你说出来，否则应用程序无法读懂你的想法或知道该怎么做。

每天用 30 分钟进行计划安排。有时我们忙于生活，事情繁杂琐碎。每天用至少 30 分钟计划自己第二天的事情，安排好第二天要用的材料，检查作业以确保完成。保持自我调节和减轻压力的关键是让自己有时间每天合理地安排计划。

在开始进行安排并保持组织的有序性时，请记住你的 ABCs：

◇情感：当我开始安排、计划组织（或没有安排组织）时，我感觉如何？

◇行为：我做了什么才能保持井井有条（或者我没做什么让我无法保持井井有条）？

◇认知：如何安排计划和保持组织有序，才能有助于我未来的努力？

管理压力

当学生无法继续学习或者他们看不到所期望的结果时，往往会陷入学习困境，产生巨大压力。压力是身体对外界、情感或心理上强烈需求的自然反应。身体对压力的应激反应通常会心率加速、肌肉紧张和血压升高，这些都是我们生存的正常生理机制，即"应战模式或逃跑模式"。

学生可以积极地体验压力，例如，参加竞争性比赛或参与热烈的辩论。压力的积极影响包括：

◇保持高度敏锐的注意力。

◇提供额外或需要的力量。

◇激励我们迎接挑战。

◇加快速度。

◇赋予能量。

◇提高警觉性。

压力也可能是对逆境的反应，例如慌慌张张上课，与不喜欢的教师或学生打交道，或参加考试或测验。长时间的压力会导致痛苦，这就是压力对我们的情感、行为和认知的负面影响。压力的身体表现包括：

◇头痛。

◇身体疼痛。

◇消化系统疾病。

◇睡眠不好。

◇抑郁。

◇体重增加/减少。

◇自身免疫问题。

◇皮肤状况改变。

请参阅本章后面附录中"压力的症状"卡片。学生可能会产生压力的一些原因，包括：

◇不切实际的期望（由学生、家长或其他人设定）。

◇故步自封的心态（"我做不了"）。

◇冒名顶替综合征（你的表现欺骗所有人）。

◇自尊问题（无论是太高还是太低）。

◇自我（太过或不够）。

◇缺乏挑战或过度挑战。

◇高度敏感（环境、身体或情绪）。

◇缺乏适应新情况的能力。

◇无法接受错误。

◇异步开发（儿童的一个方面比其他方面以更高或更低的速度发展）。

培养良好的自我调节力的关键是识别"坏"压力和"好"压力。良好的压力促使我们变得更好，跑得更快，并迎接挑战。糟糕的压力会破坏我们的潜力。处理压力的一个好方法是记住处理压力的四个A（见表7.2）。

表7.2 处理压力的四个要点

通过管理时间避免不必要的压力
◇学会说"不"。 ◇分析你的日程安排，允许中间休息。 ◇制订计划并了解截止日期。

续表

改变情境 ◇提倡你所需要的。 ◇找回你的力量（使用第一人称"我"语言保持主控："我不喜欢你和我说话的方式"）。 ◇学会妥协（无论是与他人合作还是与自己合作）。
适应压力源 ◇正向思考。它可以对你如何应对压力产生很大的影响。 ◇使用肯定的语言（"当我可以用我的电脑来构思想法时，我感觉最好"，而不是"我不喜欢写下我的想法"）。 ◇看看大图景，或"不要在小事情上费力"（学会去看整片森林而不是单单一棵树）。
接受无法改变的东西 ◇要对自己的行为负责，不要期望别人对您的计划缺乏做出好的反应。 ◇发现希望或从情境中吸取教训（"哦，好吧，我不会再这样做了"）。 ◇记住：没有人是完美的。

处理压力的最重要方法之一是拥有优质的睡眠。根据梅奥诊所的研究，可以通过以下方式获得优质睡眠（每天 6～9 个小时）：

◇坚持睡眠时间表：每天在固定的时间起床、睡觉。

◇建立一个睡前仪式：每天晚上做一些事情来帮助你放松一天的劳累和紧张，比如读书、听舒缓的音乐、写日记。

◇避免在睡前 30 分钟内使用电脑、智能手机或平板电脑。这些设备的屏幕太亮，会让大脑误以为是白天。

◇睡前两小时避免摄入咖啡因和糖。

◇营造舒适的房间和床的环境。凉爽、黑暗、安静的空间造就最佳睡眠。如有必要，请使用耳塞或睡眠面罩来阻挡其他噪音和光线。

◇限制白天的午睡时间。坚持下午 4 点之前小睡 10～30 分钟。

◇确保每天都进行体育锻炼。如果每天锻炼，你更有可能睡个好觉。

◇健康饮食。避免吃过度加工的食物、快餐和含糖量、含脂肪量高的食物。健康的饮食将促进健康的睡眠。

以下是帮助学生解决负面压力的一些策略：

◇明智地管理时间。

◇学会有效呼吸。经常在一天中深呼吸：通过鼻子吸入空气，保持三秒钟，然后呼气。

◇听听可以让你平静的音乐。这种类型的音乐可以在"休闲乐曲"或"沉思冥想乐曲"中找到。

◇使用视觉放松。

——找一个安静的空间。

——舒服地坐着。

——闭上你的眼睛。

——在你的脑海中想象出无压力的样子。

——在你的脑海中保持这个图像至少两分钟。

——当你感到压力时，想想这个图像。

◇与朋友、父母或你信任的人交谈。

◇限制使用媒体的时间，去与人进行互动。

◇玩游戏、散步或跑步，做一些有趣的事情。

◇携带幸运符（如兔子脚或特殊宝石）。

◇每天与朋友联系（面对面而不是通过发短信）。

◇在艰难的环境中寻找幽默。

◇祷告，重复吉利话，或唱一首歌来帮助减轻压力。

◇避免发怒：在你说出可能会后悔的话语之前从 1 数到 10。

◇学习"重构"情境。

——从另一个角度看情况。

——思考下次你可能做的不同或做得更好的事情。

◇相信自己：

——了解自己的优势和局限。

——坦然面对自己并非擅长所有的事情。

◇知道：

——你喜欢的和不喜欢的。

——你的兴趣。

——你有什么挑战。

——对你来说容易或困难的。

——什么让你感到舒服／不舒服。

让学生在进行压力管理时的 ABCs：

◇情感：当我感到压力时，我感觉如何？当我没有压力时，什么感觉可以警醒我？

◇行为：下次我感到压力时，我该怎么减轻压力的影响？我的行为对我的压力程度的改变有什么影响？

◇认知：如何减少我的不良压力将会帮到我？我该怎样利用自己的好压力？

直面无聊：承担责任

感到无聊和枯燥与积极参与恰恰相反。如同参与，无聊枯燥是一种自我诱导的状态。无聊是一种自我感觉，是生物神经对外部刺激反应的内部认知读数。无聊可能由以下原因引发：

◇太多的挑战。

◇太少的挑战。

◇缺乏兴趣。

有些学生带有防范意识，会将产生无聊的责任推卸到他人身上，使他人有责任去缓解或改变这种状况。这些学生因为自己感到无聊就迁怒和责备他人（"她是一个无聊的教师""这个话题他讲得没意思"）。而自带促进意识的学生会掌控这种情形，并试图想办法消除无聊。他们能控制自己的感受（情感）、行为和认知，并能为此负责（"虽然这个主题不是我最喜欢的，但我会发现一些与本研究相关的有趣内容"）。

以下是我们可以帮助学生从对无聊的偏离推卸转变为主动控制并消除的方法。

知晓无聊的迹象。这包括缺乏关注、坐立不安和做白日梦。当你意识到自己正陷入无聊时，想办法避免或摆脱这种状态。

将你的兴趣与学习主题联系起来，让积极活跃的人围绕你。无聊具有传染性。因此，如果你和那些有趣的人在一起，你就不会太无聊。

改变你做事的方式。通过改变你的工作方式或适应环境，你可以减少产生无聊的机会。如果你通常通过列提纲的方式记笔记，请尝试把教师所说内容或你正在阅读的内容画成简图。从文本转向视觉可以成为学习的有力工具。

不要逃避。如果你感到无聊，不要把自己隐藏在书本或媒体中。通过积极的方式打破无聊状态，站起来、散步、跑步、深呼吸。身体振奋可以帮助你改变现状。

找到兴奋点。无聊可能是由于我们缺乏兴趣所致。你可以去找令你感到兴奋的东西／事物，小说中与你相似的角色，对素数的迷恋。总之找一些能吸引你的东西。

将困境变成游戏。如果做数学作业很无聊，就假想自己是一个间谍，试图解码敌人发送的消息（每个数字对应一个字母）。如果你发现读书很乏味，就试着用各种声音为每个不同的角色和叙述者模拟配音，比如为世界历史考试中涉及的历史日期或重大事件编一首歌曲。通过这些方式获得创意。

帮助学生处理无聊的 ABCs：

◇情感：感到厌倦是什么感觉？

◇行为：当我感到无聊时，我该怎么办？

◇认知：如何控制无聊使我的未来获益？

本章小结

一旦学生制定好学习目标，就应该知道保持专注、付出努力、实现目标。有些事情可能会妨碍学生实现目标，例如：拖延、避免分心的能力弱、时间管理低效、安排无序、压力大和感到无聊。本章提供了许多方法可以供你模仿以及与学生进行分享，以减少这些问题的出现，并提高学生对学习成果的关注。

附录：

拖延——赞成 / 反对 / 问题

+ 赞成拖延	- 反对拖延	? 问题/未知

取自理查德·卡什《自我调节课堂》，2016版。本页可供个人、课堂或小组作业复制。如有其他用途，请联系 Free Spirit Publishing Inc. 授权，网址：www.freespirit.com/。

用于管理和确定任务优先等级的艾森豪威尔矩阵

	紧　急	非紧急
重要	比如，任务的截止日期是明天。	比如，任务的截止日期是在这周末。
不重要	例如，被朋友在非关键问题上寻求帮助或提建议的行为打断。	例如，被朋友分享有趣的视频或询问你周末在做什么的事件而打断。

该矩阵确切取自哪里尚未确定，但在德怀特·D·艾森豪威尔（Dwight D. Eisenhower）的"生活中的领导力"课程里出现过。

取自理查德·卡什《自我调节课堂》，2016版。本页可供个人、课堂或小组作业复制。如有其他用途，请联系Free Spirit Publishing Inc. 授权，网址：www.freespirit.com/。

压力的症状

注意这些压力的迹象。如果它们长时间出现,请寻求家长、教师、辅导员或其他可信赖的成年人的帮助。

情感:你是否……	
缺失喜悦感	变得容易激动、沮丧或喜怒无常
态度或表现消极	觉得难以承受或超出控制
以怨恨或退学的方式处理学业	自尊心低
表示无聊	觉得没有意义
抑郁	
行为:你是否……	
有睡眠问题	经常出现头痛、肚子痛等身体疾病
拖延或避免责任	经常感冒或者有其他疾病
对于正常或简单的情况反应过度	表现出需要越来越多的关怀
疲倦、精神不振、慢性疲倦	不想和他人一起
有紧张的习惯(咬指甲、咬嘴唇/衣服、嫌弃自己)	经历肌肉紧张或肌肉紧绷
认知:你是否……	
无法专注或保持专注	总是担心
思维混乱	攀比
对正常或简单的情况失去理解	做出糟糕的决定
无法"安静下来"	有持续的负面想法

取自理查德·卡什《自我调节课堂》,2016版。本页可供个人、课堂或小组作业复制。如有其他用途,请联系Free Spirit Publishing Inc. 授权,网址:www.freespirit.com/。

第 8 章

养成学习的习惯

在推测火星上是否有生命、宇宙是如何演化的研究中,有一些神奇的东西推动了知识前沿的进步。这几乎是人类发展历程中的一部分,而且我相信这种进步会持续下去。

——萨莉·赖德(Sally Ride)

培养学生学习和研究的习惯与策略是学生发展自我调节学习力的重要组成部分。学生将会把这些习惯和策略应用到他们的学术和非学术环境中。从养育子女到投票,再到计划家庭预算,每一个关键的人生决策都需要这样的技能。为了使学生学会反思,达到参与学习过程第四阶段和自我调节学习力过程的放手阶段,他们在努力培养良好的习惯和技能时,需要有人给予他们明确的学习指导和有力的支持。在这一章中,我们将探讨营造高效学习环境的各种方式,解释有关家庭学习的策略,并明确学生寻求帮助的方式。

保持高效的学习环境

为了帮助学生培养更强的自我调节学习力,教师和其他重要的成年人必须营造一种气氛，确保学生的情感处于安全的、有保障的和自由地承担智力风险的状态。学生必须清楚地意识到行为规范和相应的期待。成年人必须鼓励学生自我发展，并让他们认识到犯错误会为学习新事物提供机会。

情感：支持积极情感的策略

以下是确保学生在课堂上感到受人欢迎和自我肯定的策略：

◇称呼学生的名字。对一些学生来说，这可能是他们唯一能声称属于自己的东西。

◇让每个学生在教室里"拥有"自己的空间。对于小学生来说，这可能是一个小房间或一张桌子；对于中学生来说，这可能是房间里的一个首选座位、一个文件夹、一个邮箱或者一个篮子。拥有属于自己的空间可以帮助学生拥有学习空间的所有权。

◇建立一个课堂学习小组，让大家渴望学习，而不是反对、被动地接受学习。让学生分享他们独特的品质、兴趣、家庭背景、成就，甚至是奋斗经历，从而使他们有机会了解彼此，进而制定尊重、欣赏和支持他人的规范。

◇使用"学习伙伴"的教学方法。班级中的每个成员都有一个学习伙伴，学生可以向他或她的学习伙伴寻求帮助，或者只是在课堂上与学习伙伴进行交流。学习伙伴应该是由学生自己选择的，并且是由两个学生组成的小组（当班级人数是奇数时，就会有三个学生组成一个小组的情况）。在某些情况下，你可能需要给学生分配一个学习伙伴，但要确保他们能够融洽地相处。这将在后面的章节中详细讨论。

◇使用肯定的而不是惩罚性的语言。当学生听到一些正面积极的评论时，比如"我真的很喜欢与亚娜的团队一起工作"，他们会感到自己受到他人的欢迎或自我肯定。相反，负面的评论可能会造成消极的环境。

以下这些策略增加了学生的动力：

◇在每一节课或每一天中，将基本的问题和目标展现出来，并引导学生在每节课或每一天中都注意这些问题和目标。让学生专注于教学的目的，有助于促进他们学习的内在动力。

◇允许基于兴趣的学习。让学生有机会就感兴趣的主题进行学习，例如开展一个自主学习活动（见表8.1）。

表 8.1 自主学习活动

自主学习活动是持续的任务，它鼓励学生按照自己的节奏，在单元、学期或学年过程中开展自主学习。	
自主学习活动应该： § 提供有意义的经验，以延伸学习。 § 以某种方式连接到课堂内容。 § 允许启动和停止。 § 期望和结果驱动。	§ 鼓励学生和教师在评估标准上进行合作。 § 培养学生发展独立性和自律性。 § 及时，有意义，有趣！
自主学习活动可以： § 应用于任何年级的任何科目 § 由所有学生完成	§ 全部人或小组一起工作 § 独立完成
自主学习活动为学生提供： § 选择 § 参与和动力	§ 制定克服障碍的战略 § 成就感
自主学习活动为教师提供： § 与个人和小团体一起工作的时间 § 关于学生兴趣的想法	§ 海绵活动时间 § 在核心课程中没有提供选项
自主学习活动可以用于： § 当学生们进入教室时 § 当学生完成分配的工作时 § 当学生从一个单元或课程中解脱出来时 § 当学生等待老师的帮助时	§ 在下雨/下雪/太冷或太热的日子外出时 § 当有代课老师时 § 丰富、提升或扩展的核心内容
自主学习活动选项： § 个人兴趣项目　　　§ 写书　　　　　　　§ 电台 § 激情项目　　　　　§ 网络任务　　　　　§ 网络研讨会 § 作者研究　　　　　§ 维基创作　　　　　§ 制作关于主题的电影 § 期刊写作　　　　　§ 每日脑筋急转弯　　§ 车库乐队/音乐创作 § 词汇日志　　　　　§ 独立调查　　　　　§ 案例研究 § 逻辑问题解决　　　§ 杂志/书评　　　　§ 游戏或谜题 § 学习中心、驻地　　§ 默读　　　　　　　§ 大脑建设者 § 早期评估选项　　　§ 实验　　　　　　　§ 投资组合构建	
自主学习活动评估： § 题目　　　　　　　§ 检查清单　　　　　§ 性能 § 测试　　　　　　　§ 组合　　　　　　　§ 报告 § 同行评估或审查	

◇使用描述性反馈作为持续评估的模式。当学生们明确地知道他们哪些地方做得好，以及他们需要在哪些方面努力改进时，他们会对学习感觉更好。有关描述性反馈的更多信息，见表8.2。

表8.2 使用描述性反馈增加内在动机

1. 在教学过程中，教师要及时给予学生持续的反馈，告诉他们哪里做得很好，以及他们需要集中注意力的地方。如果反馈时间过长，学生可能不记得他们做过什么，他们的学习潜力也会降低。
2. 针对学习目标、策略制定或标准的直接描述性反馈，在提出反馈意见时，要对标准加以限制，这样可以集中评价和学习的注意力。
3. 使用"三明治"模式来提供反馈：第一，评论是肯定的；第二，要告诉学生哪些方面需要努力；第三，要告诉学生整体表现如何。例如：你解决这个问题的方法是正确的。你可以考虑用你的图形计算器来检查你的答案。你这学期进步非常大，给我留下了深刻的印象。
4. 确保你的评论是具体的，而且是针对学生正在做的事情。避免将太多的不同想法整合成一套评论。
5. 举例说明如何改进工作。
6. 做出简短的评论。信息太多或太少都会令人困惑。重点要关注评论的质量而不是数量。
7. 评论时要使用肯定的语言。在指出学生的错误时，用积极的评论对他们更有帮助。例如：我看到你读这个故事时感到困惑，建议你重新阅读这篇文章，试着找到作者的观点。
8. 不要对学生之间的学习进行比较，这样只会建立一个对抗性的学习环境。
9. 给学生提供高质量的工作实例（要隐去学生的名字）。把学生每年的作业都当作一个实例来考虑，如学生的原创文档、电影或拍摄项目的照片等，将学生的名字隐去，这样教师就无法进行比较了。
10. 要尽可能地对学生开展评论，这样能消除一些学生对评估和评价的恐惧。让学生把注意力放在工作上而不是别人身上。
11. 评论学生的成长思维，评论重点应该是学生付出的努力，而不是学生的能力。例如：你写这篇文章很努力，给我留下了深刻的印象。

行为：保持学习行为的策略

制定课堂行为期望的策略：

◇让学生讨论他们对课堂行为期望的想法。这不仅使他们体会到课堂的归属感，还激励他们遵守规范。

◇使用术语"期望"或"规范"，而不是"规则"。"规则"具有惩罚性含义，"期望"和"规范"则体现了责任感和共同性行为，更具有积极的意义。

◇用肯定性语言来表达期望或规范。使用积极的词语来设定语气，如"将要""是""可以"，而不是"不要"。同样，要使用"我们""我们的"这样集体性的词语，不要使用"你"。如表8.3所示：

表8.3 用肯定性语言来表达期望或规范

基于集体的肯定性语言	惩罚性语言
作为一个学习群体，我们将准时上课，并为上课做好准备。	不要迟到。
在课堂讨论中，我们会运用倾听技巧，并允许他人分享观点和想法。	不要打断别人。

◇期望/规范尽量简短。内容太多，很难记住和坚持。可以考虑使用首字母缩略词或象征性的符号来帮助记忆。

——首字母缩略词。SMART意思是：有礼貌地与别人说话（S）；确保别人能听到你的声音（M）；注意手头的工作（A）；尊重自己和他人（R）；尽我们所能（T）。

——象征性的符号。这些规范可以描绘出来：亲自动手；眼睛注视说话的人；不要插话；走。

学习行为的策略：

◇教导学生养成好的学习习惯。学习习惯不同于学习工具或学习策略，它是一种让我们为学习做好准备的技巧。在课堂上，要根据本章附录提到的"10个重要的学习习惯"进行练习。

认知：鼓励思维环境的策略

课堂教学要体现以下特点：
◇鼓励学生独立思考。
◇课堂环境有利于培育大脑健康发展。
◇支持学生承担智力风险。
◇学生有安全感，可以独立思考，也可以与团队合作。
◇鼓励答案不唯一的提问和回答。
◇培养社会关系和集体意识。
◇学生拥有把握和选择的权利。
◇教师放权，让学生培养责任感。
◇学生和教师都很开心！
◇通过本章附录"学生感知问卷"，帮助学生确认自己学习活动的成效。
◇培养广泛的学习技能。学习技能是指直接运用策略来提高理解能力和记忆力，促进成功。每个领域都有自己特定类型的学习策略。广泛的学习技能适用于整个课程，包括笔记系统，如康奈尔笔记、列提纲和思维导图。

重要的学习策略

学习策略可以帮助学生提高自我调节力并实现自己的目标，包括笔记记录策略、记忆策略、倾听策略和学习伙伴策略。

笔记记录系统

演示各种系统，帮助学生找到最适合他们需求的系统。表 8.4、表 8.5、图 8.1 便是康奈尔笔记、列提纲和思维导图。

表 8.4　康奈尔笔记

姓名：_____		主题：_____
课时：_____		课程：_____
关键词	注释：_____ _____ _____ _____	
摘要		

表 8.5　列提纲

1. 主要思想／一般主题
a. 支持主要思想的观点　　b. 支持主要思想的观点
c. 支持主要思想的观点
　i. 支持观点 c 的特别说明
2. 主要思想／一般主题
a. 支持主要思想的观点　　b. 支持主要思想的观点
例如：意大利文艺复兴
1. 时间段
a. 从 14 世纪到 16 世纪
b. 从中世纪到近代早期欧洲
c. 伟大的文化变革
　i. 建筑学　　ii. 舞蹈　　iii. 美术　　iv. 文学　　v. 音乐
　vi. 哲学　　vii. 科学　　viii. 技术　　ix. 战争
2. 14 世纪到 15 世纪早期领导者
a. 彼特拉克
　i. 十四行诗　　ii. 藏书
b. 浦尔契
c. 博亚尔多
d. 马基亚维利
e. 达·芬奇
　i. 科学家　　ii. 发明家　　iii. 工程师　　iv. 雕塑家　　v. 画家

这种类型的笔记对视觉空间学习者来说效果很好。使用不同颜色的圆圈或笔,有助于信息显示更加清晰,还有助于信息分类。

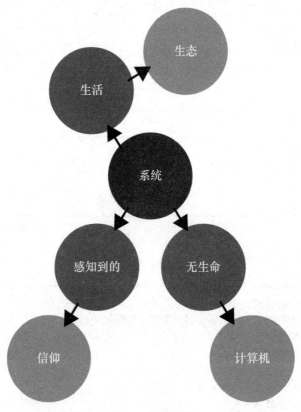

图 8.1　思维导图

通用笔记记录策略

学生可以使用笔记记录策略使笔记更加有效,包括:

◇使用不同颜色的荧光笔(最多三种)对特定信息进行标记。重点要尽量少,突出关键词或短语。

◇使用不同颜色的便签写下想法、问题、反思、评论、关键词或短语以及论据。

◇用关键词或短语概括笔记中的主要内容,进行自我评估。根据关键词写出完整的想法。

◇建立不同想法之间的联系，或不同课程之间的学习联系。

◇在笔记中创建暗喻（一件事就是另一件事。例如，数学是解决问题的语言）。

◇在笔记中创建明喻（例如，数字就像花园里的花一样美丽）。

◇使用智能手机或电脑记录讲座。事后，重听录音，并记下要点。

◇使用智能手机拍下观察或演示的内容。事后，对每张图片进行评论。

◇运用突出、下划线、区分颜色等方法，或在教师提供的笔记上记下更多的细节。

◇速写或涂鸦笔记（视觉空间学习者的工具）；请参阅 sunnibrown.com。

◇使用缩写或文本语言快速地做笔记。

　　——w / = with（和）

　　——w / out =without（没有）

　　——@ = at

　　——Btw= 顺便说一句

◇每门课都要做笔记，并尽可能清楚地记录下来，这样复习时能为你提供帮助。

◇在课堂上边听边检查笔记，确保笔记的准确性。

◇与学习伙伴分享你的笔记——让你的伙伴检查笔记的准确性和清晰度。

◇使用笔记本、三环活页夹、移动存储盘或标记清晰的文件，来保持笔记有条理。

记忆策略

记忆策略是长时间记忆信息的方法。保留和回忆信息的能力可以对成绩产生积极的影响。示范并帮助学生确定哪些策略最适合自己。下面举一些例子：

◇为课堂上的学习想法简单画些图。正如那句老话："一幅画顶千言万语"，信息的非语言表征会使我们对该主题有更深入的理解。

◇创建图表、流程图、因果链、曲线图或坐标图。

◇使用助记符来记住事实、过程或细节。

——My very energetic mother just served us nachos = Mercury, Venus, Earth, Mars, Jupiter, Saturn, Uranus, Neptun.（用含有八大行星英文字母首字母的简单句来记忆八大行星——译者注。）

——Oil Rig = Oxidation is losing, Reduction is gaining.

——PEMDAS = 运算顺序：括号，指数，乘法，除法，加法，减法。

——PMAT = 有丝分裂阶段：前期，中期，后期，末期。

◇使用头韵或尾韵：Thirty days hath September, April, June, and November（记住一个月有多少天）。

◇使用身体上的记忆技巧，如：

——用手指进行乘法运算。

——与合作伙伴一起，用身体活动表现某些过程，就像有丝分裂的阶段。

· 前期：与伙伴站得很近。

· 中期：与伙伴分开。

· 后期：伸出你的手臂，远离你的伙伴。

· 末期：远离你的伙伴，独自一个人站着。

◇阅读时使用可视化文字。

——制作一个"卡通"板或故事板（文字很少或没有文字），解释文本的开篇、中间和结尾（见图8.2）。

图 8.2　三格漫画或故事板示例

倾听策略

成为一名优秀的倾听者是学习和成功的重要品质。积极的倾听策略有助于学生更好地理解所说和所读的内容。以下是五种倾听策略：

◇注视演讲者。与演讲者进行眼神交流，这能给你提供大量的视觉信息，而不只是听觉信息。例如，演讲者在讲演过程中，会采用各种方法使他的观点表现得更加有趣、讽刺或有力。现代社会中，超过80%的人际交流不是用言辞表达的，所以要注视演讲者才能完整理解信息。

◇用自己的话语复述演讲者的话。如果你能够复述这些信息，说明你已经完全理解了。但是要注意不能直接重复他们的原话，重复原话说明不够理解，所以使用自己的话语会更有效。

◇向演讲者提问。当你提出一个好问题时，表现了你的思考能力和学术素养。好的问题首先要重申演讲者的说话要点，不具威胁性（意思是你没有生气或不高兴），并请演讲者给予回答。

◇用肢体语言积极地回应演讲者。如点头、微笑、注视演讲者、记笔记、挺直身体等，这些积极的反应可以令演讲者放松，使听众听得更加清楚。同样，这些积极的态度也会帮助你把注意力集中在所说的事情上（记住：“你的感受决定了你的关注力”）。

◇检查自己的理解程度。在最后呈现信息时，对演讲者所说的话进行改述或总结。你可以把它当作一个问题（比如：“那么，你是在说……”）或者作为一个可以引起回应的陈述（比如：“我听到你说的是……”）。

学习伙伴策略

在学习过程中，有一个学习伙伴是很有用的。你的学习伙伴可以是：
◇帮助回答你的问题的人。
◇当你陷入困境时，你想"寻求"帮助的人。
◇帮助你不分心的人。
◇让你有动力的人。

◇当你感到气馁时,给你鼓励的人。
◇为你加油的人。
◇协助你完成项目的人。
◇是一个信息来源的人。
◇帮助你收集材料的人。
◇你的想法的宣传者。

两个或三个志同道合的人,在一定时间内一起工作。他们要么是教师指派的,要么是自己选择、自由组合的。要确保所有的合作伙伴都能互相合作、互相学习,每个人都有不同的学习风格。分组的方式包括以下两种。

不同能力、学习类型或兴趣水平:这是一种分组方式,将能力较高的、不同学习类型(如听觉、视觉或肌肉运动知觉)或兴趣水平的学生分在一组,将能力较低的、不同学习类型或兴趣水平的学生分在一组。使用这种分组方式需要注意的是,不要将学习类型或兴趣水平完全不同的学习者分在同一组,这会使能力高的学习者自然而然地管控这组,不能与他人进行有效沟通,不能公平地分享工作,且组内会有人感到被忽视/不被尊重,或者有人因为与一个无法很快完成任务的人在一起而感到负担很重。要将合作伙伴的水平保持在一个相近的范围内,不要相隔太远。但是,如果双方都同意这一组合,那就顺其自然吧。有时,不同水平的学生会有一些有价值的东西分享,他们也愿意把自己知道的知识教给别人。

相似的能力、学习类型和兴趣水平:这是一个有用的分组技巧,用来培养两方学生间的信心。合作伙伴之间可以互相促进,并且能更清楚地了解如何支持他们的合作伙伴。

当学生选择他们自己的学习伙伴时,让他们记住以下五个建议:
◇能在课堂上或校外做笔记、记录信息。
◇能全身心地参与课堂讨论,无论是口头上的还是行动上的。
◇能尽自己最大努力做到最好。
◇有一种学习、工作或表现的风格来充实自己。
◇很容易相处。

"家庭学习"不是家庭作业

在教育中，很少有话题比家庭作业更能引起人们的交谈和争论。通常，我们认为家庭作业是课堂或学校以外的时间做的练习。大多数情况下，家庭作业就是练习白天的教学内容，完成课堂上布置的作业，或完成要在校展示的内容。

并没有证据表明家庭作业是一种提高学生成就、考试成绩或参与未来学习的实际训练。事实上，研究显示，太多的家庭作业会对学习和学校活动产生不利影响（Cooper et al., 2006）。在经过多次研究以及与教师、家长和学生交谈之后发现，他们对家庭作业非常不满。教师不喜欢，因为他们没有时间改作业，不能及时向学生反馈以促进学生学业上的进步。学生对此感到沮丧，因为他们对白天所做的练习几乎没有什么记忆。家长也讨厌，因为他们不了解在学科中使用的新方法（特别是数学），不能帮助孩子，或者在练习中不知道如何指导孩子。那么，有这么多证据表明家庭作业不值得大家（教师、学生和家长）花时间去做，我们为什么还要继续做家庭作业呢？

我们还在继续布置家庭作业，甚至越来越多，因为我们仍然受到"反复练习可以提高能力"这一观念的影响。在工业时期（19世纪），由于当时不太容易获取各类信息，所以就出现了这一观念。但是，今天的孩子生活在一个日益变化的世界中，孩子获取新想法、新发现比重复过时的东西重要得多。所以，比练习更重要的是学生的决心、努力和成功的动力：学习的自我调节！

根据研究以及对家庭作业的各类意见，将术语改为家庭学习将大大提高学习的效果。将家庭作业重新定位为家庭学习，侧重于学习而不是作业（对于21世纪的学习者来说，这是一个陌生的概念）。家庭学习，是教师在学校时间以外分配给学生的任务。这些任务可以强化课堂学习，通过让学生独立完成任务，帮助学生发现和建立自己个人的学习策略。

作为教育工作者，我们努力让学生对课程感兴趣，帮助他们了解我们所教授的内容，让他们为踏入社会做好准备。我们也想让学生足智多谋，能够自我激励，离开校园后能够继续学习。

帮助学生实现这些目标的策略包括，开展适合年龄并具有挑战性的家庭学习任务。在小学和中学阶段有效的家庭学习应该有所不同。

小学家庭学习应该培养孩子对上学的积极态度，可以通过以下方式开始自我调节之旅：

◇通过课程建立家庭和学校之间的联系。

◇支持家长参与学校活动。

◇在学校强化技能培养。

◇鼓励学生制定个人的关于时间管理和任务完成的策略。

中学家庭学习应：

◇努力提高课堂和考试成绩。

◇将课程内容与学生的生活联系起来。

◇加强和实践在校期间培养的自我调节力。

当学生参与高质量的家庭学习实践时，他们更容易变得自我激励，会更加努力，从而获得更高的成绩。他们通过增强个性化的思维和学习方法、解决问题的技巧以及其他学习策略来提高学习成功的技能。当学生完成任务却没有立即得到奖励（延迟满足）时，他们也会建立自我效能感。

一般来说，教师可以设计和布置三种类型的家庭学习练习，在拓宽学生知识面的同时，为学生提供提高自我效能的机会。

1. 练习。家庭学习是学生练习、复习和强化学校教学目标的一种方式。家庭学习的重点是，通过让学生犯错和纠正错误，为学生的努力提供及时的奖励，从而鼓励学生发展自主学习技能。在练习阶段，学生可以通过参考答案或在线资源进行（现场）更正。

2. 准备。家庭学习可以帮助学生为即将到来的课程建立知识库，并将新信息与熟悉的信息联系起来。这包括，在第二天的课堂讨论前阅读相关章节，收集与单元主题相关的信息和资源，准备参与课堂讨论和活动。准备性家庭学习没有评分，这不影响学生最终的成绩等级。家庭学习产品有助于评估学生的努力程度和责任感的培养情况，这是自我调节的基础。

3. 整合。整合家庭学习是基于单元目标所设立的长期持续性的项目，这些项目确实有助于实现学术目标。学生需要运用在课堂上学到的技能来开发有价值的真实的产品。这些任务将解决问题的能力、批判性思维和创造力整合到产品中。此外，综合作业可以通过让学生研究课堂中未涉及的主题来丰富单元内容。综合作业的评分是学习目标达成的依据，也就是总结性评估。

教师可以通过设计互动式的家庭学习活动来鼓励学生自我调节力的发展，这些活动可以提高学生的自我效能感，但要确保活动的难易程度适中。这些家庭学习任务应该要求学生设定一个目标，让参与者有兴趣参加，让他们从活动中体会到乐趣。教师可以实施以下措施来帮助学生建立自我管理模式：

◇为每个家庭学习活动设定明确的目标和期望。
◇在家庭学习完成前后与学生一起讨论。
◇注重学生的优点而不是缺点。
◇使用家庭学习清单／记录图表（参见附录中的"家庭学习清单"）：
——开始和完成时间；
——自我激励水平；
——有成效或无成效的行为；
——如何避免干扰／被干扰；
——工作完成奖励。

教师确保家庭学习效果、培养学生自我调节力和提高学生成绩的最有效的策略，是不断向学生提供有意义的学习实践反馈。这对于有多个授课班级、有很多教学任务的教师来说是很困难的。在这些情况下，教师除了要检查学生家庭作业的完成情况之外，还要限制学生需要复习的课外作业的数量。必须记住的是，对于那些能力有限的学生，不能给他们布置类似于快速复习之类的家庭学习作业，这并不是长期的学习项目或课堂作业的延伸。长期学习项目和素质拓展应该是学生在教师反馈中所取得的巨大成就或展示活动。

家庭学习时间

一般来说，家庭学习时间是 10 分钟乘以学生的年级。例如，二年级学生每晚要花 20 分钟学习，而六年级学生每晚要学习 60 分钟。对于中学生来说，每晚学习时间应该不超过 90 分钟。如上所述，研究表明，每晚学习时间超过 90 分钟时，学习效能会降低，并会对学习产生反作用（Cooper et al., 2006）。

教师在布置家庭学习作业时，要注意把握学习的时间规则，以及学生在该时间段内最有效地完成任务的能力；同时，除了仔细计算学生应该花在你布置的作业上的时间外，还要考虑其他教师布置的作业量。遵守这个时间规则，可以确保学生有足够的时间做其他事情，并且孩子的父母也会感激教师对家庭学习时间的把握和对孩子需求的理解。

当然，还要考虑学生在整个学习时间内对于单个任务的时间如何分配的问题。给学生一个他们应该花在家庭学习每个部分的平均时间的概念，以便他们能够计划总体的学习时间。并让学生知道这只是一个平均值，有些学习任务可能需要更多的时间，而另一些任务所需的时间会相对少一些。

让学生了解什么时候应该停止一项学习活动，比如当他们失败或感到沮丧、不知道如何前进、无法从问题中有所收获时等。当这些情况发生时，让学生记录：

◇他们在这项任务上花了多少时间。
◇没有意义、太难或令人沮丧的事情。
◇他们完成任务可能需要什么。

当学生尝试去做了某项学习任务却无法达成目标，但仍然记录了其行为时，不要去责备他们。当学生不理解某些事情时，记录是一种有价值的学习方式，这也是他们能够自我调节的标志。

有关促进家庭学习的其他方法，请参见表 8.6。

表 8.6 促进家庭学习的五种方法

1. 让学生选择一个感兴趣的话题，课堂内容或课外内容都可以。让他们创建一个网站、文本或专家资源列表，这样可以加强或丰富对主题的理解。学习感兴趣的话题，可以改变学生的思维方式，积极思考如何学习新的技能和能力。
2. 请学生调查各自家庭或平时的学习环境。他们应该注意观察周围的环境，包括适当的照明、较低的噪音、必要的空间，以及能获得的适当的技术。要求学生提交一份研究如何创建有助于学习的环境以及他们能做些什么来加强或改变环境的报告。
3. 指导学生重新编写课堂上的笔记。如果他们使用线性注解，可建议他们把笔记加工成"非线性"格式，比如画出主要想法或概念，或者使用弗雷尔模型（见图8.3）。你也可以让他们把笔记改写成康奈尔风格的图形，或者让他们在两到三分钟内写一个脚本来解释这些想法或概念。
4. 为学习设定时间限制并加以执行。大多数关于作业量和所需要的时间的研究表明，在开始写作业的两个小时后，作业的有效性会降低。因此，要求学生坚持"10分钟原则"（一年级10分钟，三年级30分钟，中学最多60分钟，高中90分钟）。这是一个总的时间，不是每门课程或每堂课的时间。给学生设一个定时器，或者由家长提醒学生时间到了。这时不管他们做到哪里，都应该停下来。这将帮助学生有效地管理自己的时间。学生可以在课堂上汇报所取得的成绩，以及失败或成功的原因。这类作业的目的是让学生反思课外学习的规律，所以不要给这类作业打分。
5. 让学生在家里把控自己的学习时间，列出一些令人沮丧的、愉快的或将来需要避免的事情，以及他们在学习时间内所做的充分的准备（是否拥有所需要的学习伙伴，需要帮助时是否有人提供帮助）。同样，不要给这类家庭作业打分，因为这类作业是帮助学生反思课外作业时间的效率。

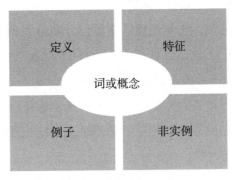

图 8.3 弗雷尔模型

家长的家庭学习策略

在适当时间，考虑在家庭学习中加入家长互动的环节。向家长提供帮助孩子解决家庭学习问题的技巧是一种有价值的方法，既不会干扰孩子自我调节力的发展，又可以帮助家长解决孩子的问题或困惑。以下是关于家长如何帮助孩子在家学习的建议：

◇给孩子提供固定的时间和地点做家庭学习作业。

◇给孩子设定家庭学习的时间参数。

◇给孩子提供适当的照明。

◇给孩子准备问题，并说明如何获取答案或帮助。

◇当孩子沮丧时给予支持和指导，但不能帮孩子代做。

◇对孩子的努力和学习时间的有效利用给予赞扬，当孩子完成作业时，和他们一起庆祝。

◇尽量少采用外在的奖励或惩罚措施，注重发展孩子的内在动力。

有效学习的研究

在教育领域存在着许多误区——比如重复的练习有助于成功——实际上这与有效的学习技巧相悖。然而，以下观点都是基于大量关于如何更有效地存储和检索信息的研究提出来的。

◇不查看原始笔记，重新创建课堂笔记。在重新创建课堂笔记后，明确你记得什么、忘记了什么。将忘记的项目用不同颜色的笔添加到新笔记中，以突出你在课堂上并没有记住的内容。

◇在一天的学习结束后，把问题记录下来，包括你不理解的、困惑的以及你在课堂上犯错的原因。将原始课堂笔记中忘记的那些问题，用不同颜色的笔标记到新笔记中。

◇改变学习环境。研究表明，当你改变学习环境时，你就更有可能记住正在学习的内容。改变环境有助于你在不同的地方回忆信息。因为你不知道你需要在什么时候、什么地方完成任务,所以改变学习环境可以提高你快速获取信息的能力。洛杉矶加州大学心理学家罗伯特·A·比约克（Robert A. Bjork）博士说，改变学习环境，哪怕只是更换座位，都能帮助我们提高记忆力。当学习环境变化时，新的环境丰富了信息，人遗忘信息的速度就会减慢，届时，学习便不受周围环境影响了（Carey，2014）。

◇把研究某个特定主题的时间分散开来。有研究把它称为"分布式学习"，即在较长的时间内学习特定的内容。与其花一个晚上时间把所有内容都学完，不如考虑不断回顾式的"滚动"学习法。例如：要学习20个单词，那么就周一学习5个；周二再学习5个新单词，同时复习周一学的单词中的其中3个；周三再学习5个新单词，同时复习周一、周二学的单词中的5个；周四学习余下的5个新单词，并复习周一至周三学的单词中的10个；周五上午和下午各随机抽取10个单词进行复习，以测试你的记忆力。

◇不断评估知识水平。研究人员发现，自我评估或所谓的"检索练习"是一种很好的学习方式。"当大脑检索到学过的文本、名称、公式、技能或其他任何内容时，它所做的事情与再次看到信息或重新研究时会有所不同，会更有难度。"（Carey，2014）持续的自我评估深化了大脑存储信息的能力，并加强了检索过程。自我评估的形式可以是：

——在一章学习结束时，回答一组问题。

——解练习方程。

——使用闪存卡。

——自己出题，然后回答这些问题。

——让朋友给你出题或提问题，测试你对知识的掌握情况。

——背诵或复述你刚刚读到或学到的内容。

——把刚学过的知识，用三句话进行总结。

——对刚学过的知识进行评论。

◇在学习过程中，可以使用"输出性干扰"的方法恢复注意力并刷新大脑。在整个研究期间，这些干扰中断的时间不能超过3～5分钟，要保持在最低限度。另外，需要注意的是，这种干扰中断是有益的。当你在使用"输出性干扰时",要尝试着改变模式。例如,如果你正在阅读一篇冗长、复杂的课文,30 分钟后就停下来去散步(从视觉活动到肢体活动)。输出性干扰可以是:

——在电脑上或与朋友一起玩快速游戏。

——散步或锻炼。

——听一段音乐。

——查看电子邮件、使用社交媒体或给朋友发短信。

——读一篇新闻或一篇短文章。

——喝杯水或去一下卫生间。

——幻想一下接下来要做什么,或者喜欢做什么。

——与朋友、兄弟姐妹或父母进行快速交谈。

——看一段视频短片。

——演奏乐器。

——投篮或做投掷橄榄球或棒球。

——停下来检查自我调节力(ABCs)。

◇在学习结束时,写下学习经历。在对学习的反思过程中,我们学到的东西比从经验中得到的更多。反思学习的方法包括:

——记下你学到的知识,谈谈你的感受,以及你为集中注意力所做的努力(ABCs)。

——绘制所学知识草图。

——绘制一个布告牌或"弹出窗口",宣传你学到的知识。

——制作一部关于你所学内容的 90 秒电影。

——创建一条关于你所学内容的推特(只使用 140 个字符,包括空格)。

◇给自己时间去"渗透"新信息。渗透是思维过程中处理新思想,建立主题之间的联系,并考虑采取不同方式去完成任务。在渗透过程中,要把注意力集中在信息上,避免让自己的思维转向其他事物。

◇将新信息与已经学会的事情联系在一起,以促进学习。例如:在练习了一个新的数学方程之后,立即练习一个已经很熟悉的方程,然后再次尝试练习新的方程。这种混合练习，可以培养心智的灵活性，并帮助大脑识别错误。

◇高质量的睡眠。科学常识告诉我们，当我们有 6 ~ 8 小时的高质量睡眠时，学习是最有效的。高质量的睡眠能帮助大脑储存白天学到的信息，处理情绪来理解它们，并刷新神经链接。健康的饮食、适量的运动、避免滥用药物和酒精都有助于睡眠。

请求帮助

有些学生在学校不知道如何寻求帮助，甚至那些天才和高年级的学生也因为害怕自己会被别人看作是软弱或无能的人而不敢寻求帮助。在需要的时候寻求帮助，这是聪颖勤奋的学生的基本素质，并不是无能的表现。

在发展自我调节力的过程中，很重要的一项内容是，学生必须明确何时、如何以及向谁寻求帮助。同时，必须让学生知道，寻求帮助并不意味着他们会弱化对自身的管理，因为从长远来看，这样做反而更能节省时间。在鼓励学生寻求帮助的同时，要告诉他们不要害怕打扰帮助他们的人。要创造一个积极的合作学习环境，让大家都能有所表现。因为没有任何一个人擅长所有的事，所以学会寻求帮助对取得成功来说是至关重要的，这是一种积极的自我调节行为。

学生在以下情况中可以寻求帮助：

◇在练习中"碰壁"、遇到了挫折、无法找到适合自己的学习方法。

◇不清楚方向、期望和目标。

◇在学习过程中，有不安全感（情感上），不确定如何做某事（行为上），不能澄清你的思想（认知上）。

如何寻求帮助：

◇在向别人寻求帮助前，仔细考虑你的问题。

◇在开始寻求帮助时使用肯定的语言寻求帮助。例如，"我知道，你很擅长这件事情。如果你能告诉我如何做，我会觉得非常有帮助"。

◇不要认为别人不想帮助你。使用上述语言是一种安全的寻求帮助的方式。

◇有人给你提供帮助时，要仔细聆听和观察。注意他说的内容，并进行复述；请他看着你做，确保你的方法正确。

◇与帮助你的人保持联系，直到你知道如何做某事或你的问题已经得到解答为止。

◇感谢别人的帮助，有礼貌地说"谢谢你的时间和专业知识"。

要清楚地知道谁应当是求助的对象。教师总是最佳选择，当然也不要忘记向同学、其他学生、你的父母或小组成员等你在日常生活中经常接触的人求助。

本章小结

自我调节学习力过程的能力，是大学和职业准备过程中的一个关键方面。要做到这一点，学生必须掌握学习的策略和技巧。本章着重阐述了影响学生目标监控的三个因素。学生应该学会创造和维持一个高效的学习环境，让自己感到安全，有能力承担智力风险，了解自身的期望，并掌握帮助思考的工具。学生要知道，寻求帮助并不是软弱的表现，确切地说，更是一种学术实力的体现。最后，把小学和初中家庭作业的概念重新定位到家庭学习的概念上，可以对学生高中学习阶段的学习产生积极的影响。

附录：

10个重要的学习习惯

1. 每天设定一个固定的学习时间。为了充分利用课余时间，你要设定一个特定的时间（至少20分钟）和一天的学习时间，即使你没有家庭作业，也要利用这些时间阅读与学校学习内容相关的书、杂志、报纸或浏览网站。要把学习时间安排在下午晚些时候或晚上早些时候。临睡前学习不是一个好主意，你很可能会感到疲倦或者因为学习变得兴奋而无法入睡。

2. 创建一个不被干扰的空间，要避免例如噪音、杂乱或其他听觉或视觉上的干扰等。

3. 在学习期间合理管理时间。在你设定的学习时间内，要给每堂课的家庭作业分配好时间。先做最难的作业，然后做简单的，不要在同一个学习任务中花费太多的时间。

4. 整理自己的材料。使用一种适合自己的方法，来整理自己的学习材料。文件夹、盒子、计算机文件和移动存储盘都是整理材料的方法。

5. 了解你喜欢的学习方式。无论你是听觉型、视觉型还是动觉型的学习者，在学习期间都要考虑运用自己喜欢的学习方式。

6. 在学习期间，每学习20分钟要休息2～3分钟。休息包括舒展筋骨、快速查看电子邮件或社交媒体，或喝杯水。

7. 对你的规则做出反应。分析自己的调节能力，认识到自己什么时候在浪费或拖延时间。当发现自己在浪费或拖延时间时，花点时间调整一下，询问、回答并采取行动解决以下问题：

（A）我现在感觉如何？为什么我会有这种感觉？我该怎么做才能更好地了解自己需要做什么？

（B）我现在在做什么？我现在该怎么办？我怎样才能完成这项工作？

（C）我现在的想法是什么？为完成任务，我该如何调整思考方式？在今后的学习中，我需要什么样的思维工具？

8. 对寻求帮助做好计划。确定在遇到困难时可以求助的人、网站或材料。

9. 学习完成后开展自我评估。写下五个跟你学习材料有关的问题（不需要回答——因为一个措辞良好的问题可以帮助你认识到自己对主题的了解情况），或者在章节末尾使用问题来检查你的理解是否正确。

10. 每天反思你的学习时间。问问自己下面的问题：

（A）学习时间结束了，我现在感觉怎么样？是什么激发了我学习的动力？我怎样才能保证下次的学习状态良好？

（B）在学习的时候，什么分散了我的注意力？我是如何管理自己的时间和保持自我调节力的？下次我会做得更好吗？

（C）今天的学习时间如何帮助我成为一个更好的学习者？在学习时间里我用了哪些思维工具？下次我会使用什么工具？

取自理查德·卡什《自我调节课堂》，2016版。本页可供个人、课堂或小组作业复制。如有其他用途，请联系Free Spirit Publishing Inc. 授权，网址：www.freespirit.com/。

学生感知问卷

态度 / 效能

我对这次学习活动有什么想法？＿＿

我处理的哪些问题可能分散了我的注意力？＿＿＿＿＿＿＿＿＿＿＿＿＿＿＿＿＿＿＿＿＿＿＿＿＿＿＿＿＿

我能做些什么来调整我对这项学习活动的态度？＿＿＿＿＿＿＿＿＿＿＿

我需要做些什么才能使这次经历成为更成功的一次体验？＿＿＿＿＿＿＿＿＿＿＿＿＿＿＿＿＿＿＿＿＿

技能 / 规则

我完全理解这个活动的任务吗？＿＿＿＿＿＿＿＿＿＿＿＿＿＿＿＿＿＿

我具备完成这个任务所需的技能吗？＿＿＿＿＿＿＿＿＿＿＿＿＿＿＿

我具备需要的所有资源吗？＿＿＿＿＿＿＿＿＿＿＿＿＿＿＿＿＿＿＿＿

我有时间完成任务吗？＿＿＿＿＿＿＿＿＿＿＿＿＿＿＿＿＿＿＿＿＿＿

我在完成任务过程中能否得到支持？＿＿＿＿＿＿＿＿＿＿＿＿＿＿＿

自信 / 自尊

如果我需要帮助，我可以向谁求助？＿＿＿＿＿＿＿＿＿＿＿＿＿＿＿

如果需要求助，我可以向谁寻求支持？＿＿＿＿＿＿＿＿＿＿＿＿＿＿

我拥有哪些技能可以帮助我更好地完成任务？＿＿＿＿＿＿＿＿＿＿＿

我获得成就时，怎么庆祝？＿＿＿＿＿＿＿＿＿＿＿＿＿＿＿＿＿＿＿

反思 / 元认知

这是我做得最好的工作，因为：_____

我可以更加努力地工作：_____

下一次我会：_____

改编自理查德·卡什的《推动差异化教学》，2011版。获自由精神出版公司使用许可。

取自理查德·卡什《自我调节课堂》，2016版。本页可供个人、课堂或小组作业复制。如有其他用途，请联系Free Spirit Publishing Inc. 授权，网址：www.freespirit.com/。

家庭学习清单

姓名：_____   日期：_____

班级：_____   时段：_____

作业：_____

用自己的语言陈述作业或练习的目标：_____
_____

任务截止日期：_____

完成作业的步骤：

1. _____
2. _____
3. _____
4. _____
5. _____

所需材料：

1. _____
2. _____
3. _____
4. _____

5._____

按时完成作业的奖励:_____

_____

在家里学习时

开始时间:_____   结束时间:_____

分配学习时间(分钟):_____

动机水平(我完成作业时的兴趣水平)

(低) 1   2   3   4   5 (高)

在我做作业时,我在想:_____

_____

_____

我在做作业时遇到的干扰:_____

_____

_____

学习效率

(低) 1   2   3   4   5 (高)

下次我会做哪些不同的事情:_____

_____

下次我会做哪些相同的事情:_____

_____

取自理查德·卡什《自我调节课堂》,2016版。本页可供个人、课堂或小组作业复制。如有其他用途,请联系Free Spirit Publishing Inc. 授权,网址:www.freespirit.com/。

第9章

反思和放松

> 反思——真正的反思——才导致了行动。
>
> ——保罗·弗莱雷（Paulo Freire）

本章为参与学习循环过程的最后阶段提供理论支持。反思是我们在分析所取得的成就过程中，思考自己的情感、行为和认知的方法。我们要把反思看作是参与学习四个阶段中的巩固行为。本章包括一些策略和技巧，来帮助学生分析创造和保持成功的基本知识（情感、行为和认知）。

此外，本章还提供了一些建议，帮助学生发展他们的放松能力。在这种情况下，放松不仅仅指进入冥想状态，还包括在学校内外寻找快乐的时光。"每周有一至四小时闲暇时间的学生，对学校教育的态度要比没有闲暇时间的学生积极得多。"关于学生花在学习和休闲（或娱乐）活动上的时间量的研究表明，保持学习活动和休闲活动之间的平衡，关键在于找到学习与放松或休闲活动之间的"恰到好处"的平衡，以建立一个完整的平衡统一体。

学习反思

从古希腊哲学家柏拉图（Plato）("认识自己")，到进步主义教育专家杜威（"我们不从经验中学习……我们从对经验的反思中学习"），再到巴西教育家和批判教育学哲学家保罗·弗莱雷（"反思—真正的反思—行动"），反思行为一直是学习过程的重要组成部分。反思是对个人经历进行分析、解释和判断的行为。当学生能够对自己的情感、行为和认知进行积极的思考和调整时，反思就会产生作用。许多学生不知道如何进行反思，或者没有时间、没有机会进行反思。对于天才和苦苦挣扎的学习者来说，直接建模和包括反思在内的实践可以显著提高学生的自我调节学习力，从而提高他们的成就感。

教学前、教学中和教学后的反思行为已经被认可了几十年，但是没有被经常使用在课堂上。为了让学生学会自我调节，我们必须帮助他们开发一种有效的方式，不仅要让学生反思自己学到了什么（认知维度），还要让他们反思与学习有关的情感和动机（情感维度），以及他们做了什么（行为维度）。

反思性课堂的特点

课堂上的反思实践会让学生产生以下这些行为：

学生在"等待时间"中处理信息。问题提出后，请至少等待10秒钟，给学生思考的时间。如果给学生思考答案的时间，那些原来不愿意回答问题的学生可能也会做回答的准备。

学生敢于冒险、不怕犯错。给学生提供一个安全、积极的环境，这样可以鼓励学生提出新的想法，自由分享信息，甚至不畏惧犯错误。课堂上的每位学生要将接受错误作为学习的重要组成部分。

学生利用他们的知识、经历，来联系新知识。课堂环境包括材料、图表、照片和其他视觉材料，这些可以帮助学生回忆过去的信息和经历。

学生参与有价值、有意义的问题和任务。教师构建课程和项目，包括解决那些对21世纪的学习者来说值得解决的、有意义的问题。

学生在回答能激发他们思考能力的问题时，会深入地学习有关内容。要处理开放式问题（相对于只有一个答案的封闭式问题），学生就必须花时间去推理，并为他们的思考提供证据。

学生分组工作，提出新点子。根据学生的准备情况、兴趣和学习偏好，对他们进行灵活分组，使学生有机会反思、逐步完善自己的想法。

学生每天都进行反思。学生会每天花时间反思哪种学习方法对他们最有效。不同类型的学习者有不同的选择，他们的反思方法各不相同。

激发反思思维的问题

以下是一些涉及情感、行为和认知的问题，这些问题会激发学生的反思思维。

情　感

◇你在做这个活动的时候感觉如何？

◇当你犯错时，你感觉如何？

◇当你成功时，你感觉如何？

◇是什么促使你做得这么好？

◇你会在多长时间以后向别人寻求对你成就的认可度？

◇你如何调整你对学校的看法？

◇你如何看待你所做的工作？

◇你可以使用哪些策略来保持你的注意力？

◇为什么成功对你很重要？

◇在你的学习过程中，什么让你感觉最好？

行　为

◇你的行为在学校内外有哪些变化？

◇你成功地培养了哪些学习习惯？

◇你难以实施哪些学习习惯？

◇为什么学习习惯很重要？

◇在学校做些什么能让你专注于学习？

◇当你遇到挑战时，哪些策略对你最有帮助？

◇你如何寻求帮助？

◇你向谁寻求帮助？

◇为什么对你来说调整校内外的行为和学习习惯很重要？

◇你的行为如何影响你的学习？

认　知

◇你经常使用哪些思维工具？

◇你间隔多久寻找一次新的学习工具？

◇当你遇到困难时，你会怎么想？

◇为什么思考对你在学校内外的成功如此重要？

◇你间隔多久对你学到的知识进行反思？

◇当你反思所学到的知识时，你最常想到的是什么？

◇你如何把你在学校学到的知识转移到其他地方？

◇你问教师和其他人的问题是什么类型的？

◇为什么你要能够应用不同的思考过程？

◇当需要改变你的思维方式的时候，你随机应变的能力有多强？

反思的时机

学生从整个学习过程的反思中受益。以下是学习过程中每个阶段的情感、行为和认知维度的示例问题。

在学习新主题之前：

情感：对于即将开始的新话题，我有何感想？

行为：为做好学习准备，我需要做些什么？

认知：关于这个话题或内容，我了解些什么？

制订计划时：

情感：如果遇到干扰，我需要做什么？

行为：在这个主题中，我可以学到哪些学习技巧？

认知：我如何将新学习的知识应用到我已经知道的事情上？

教学过程中：

情感：在不同的活动中，我的积极性如何？

行为：为提高工作效率，我能做些什么来调整我的行为？

认知：在我的日常生活或未来工作中，这些新信息对我有什么帮助？

教学后：

情感：我对已掌握的内容有什么想法？

行为：哪些是我做得好的？我应该再做些什么来获得更好的效果？

认知：从这个主题中，我学到了哪些以前我不知道的内容？

库伯的反思模型

1975年，学习理论家大卫·A·库伯（David A. Kolb）整合了杜威和皮亚杰的作品，创造了一种从经验到知识应用的反思模型。他设计的导图（见图9.1）强调了这样一个理念："学习是通过经验的转化来创造知识的过程。"在反思周期中，有四大要素：(1) 已具有一定经验的学习者；(2) 会对有关经验进行反思，将其与过去的经验联系起来；(3) 并对经验中包括的概念进行概括（通过提出新的想法或完善过去的旧办法来适应新的经验）；(4) 将新的想法应用到另一个经验中，从而分析结果供进一步学习使用。在反思周期中，学习者不断地循环上述步骤。

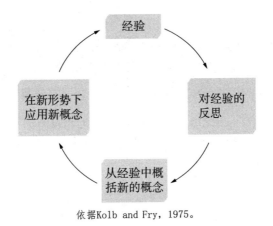

依据Kolb and Fry，1975。

图9.1　库伯的反思模型

库伯的反思周期促使了学习者学习偏好的发展，这种学习偏好与我们所拥有的不同类型的处理和感知信息的能力相对应（见图9.2）。库伯认为，学习者会倾向于选择某一种特定的学习方式，这就使得学习过程的不同阶段或多或少变得有效。库伯的模型有助于理解学习者发展自我调节意识的过程。

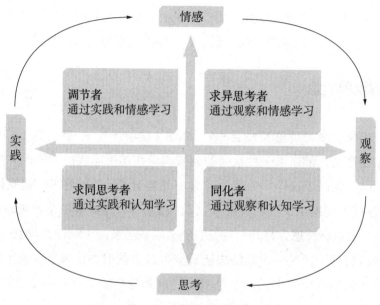

图9.2　库伯的学习偏好

他在模型中恰当地定义了情感、认知与行为（观察和/或实践）三者之间的交互作用，从而创造了一种学习者在反思实践中获得新知识的过程。表9.1描述了不同的思维方式，并给出了在课堂上实践每种方式的建议。请参阅表9.2，了解各种图形组合中对每种首选学习方式有益的建议。本章附录中有许多这方面的例子。

表 9.1　支持学习偏好

学习偏好	描　述	提供支持的途径
求异思考者通过观察和情感学习	◇从不同的角度看事物。 ◇具有较高的情绪敏感度和移情能力。 ◇喜欢通过观察来学习。 ◇喜欢通过头脑风暴产生很多的想法。 ◇兴趣广泛。 ◇可以把不同的想法和主题联系在一起。 ◇了解信息的人性化。 ◇富有创造力和想象力。 ◇享受集体工作。 ◇有良好的聆听技巧。 ◇乐于接受反馈。 ◇思想开放。	◇创造讨论和研究的机会。 ◇增强学习中的人际互动，比如看图像、视频或访谈。 ◇为学生提供小组合作的机会，使他们能产生想法并得出结论。 ◇帮助学习者把不经常考虑的主题或内容联系到一起（如数学和文学，科学和音乐或戏剧，体育与历史）。 ◇让学习者有机会勾画出或提出"现成的"想法。 ◇利用小组讨论反思时间的问题。
同化者通过观察和认知学习	◇在接收信息时，是合乎逻辑、有顺序的。 ◇在获取信息时，情感是无关紧要的。 ◇喜欢简明的信息,不需要额外的信息。 ◇有大局观。 ◇对逻辑更感兴趣，而不是实用性。 ◇擅长数学，科学思维强。 ◇倾向于直接教学、阅读和模型。 ◇需要时间消化和思考信息。	◇按顺序提供信息。 ◇帮助学生在不同的解决方案中找到逻辑链。 ◇运用逻辑问题激发学生的思维。 ◇为学生在行动中观察逻辑/有序思考者提供机会。 ◇使用顺序图示组织者。 ◇允许个人拥有思考时间。
求同思考者通过实践和认知学习	◇喜欢解决问题。 ◇注重信息和方案在实际应用中的价值。 ◇喜欢技术任务。 ◇对解决方案的情感（个人和人际）影响漠不关心。 ◇喜欢实验，喜欢通过模拟的方法找到实用的解决方案。	◇为学生提供实践的平台来解决实际问题、验证问题。 ◇提出需要"组合信息"的问题。 ◇避免可能出现高水平情感语言或暗示的情况。 ◇允许学生尝试不同的解决方案，并反思结果。
调节者通过实践和情感学习	◇喜欢通过实践或"动手"来学习。 ◇对逻辑有更强的直觉感。 ◇分析数据时要依靠他人。 ◇优选实用方法和解决方案。 ◇可能会屈服于"集体思维"。	◇为学生提供应用真实信息的机会。 ◇给学生灌输"直觉"思维（使用诸如"你觉得这种解决方案如何"这样的短语）。 ◇允许学生分组讨论结果并分享成功的喜悦。

表 9.2 库伯学习偏好的图示组织者

求异反思图示组织者 （观察和影响） ◇概念映射 ◇弗雷尔模型 ◇小组讨论 ◇非语言表示 ◇投资组合或日志	求同反思图示组织者 （实践和认知） ◇如果–那么图表 ◇因果链 ◇什么，那又怎样，现在怎样 ◇思维杂志 ◇会这样的五个理由
同化反思图示组织者 （观察和认知） ◇轮廓 ◇如果会发生…… ◇如果–那么图表 ◇个人日志或日记 ◇排序和优先顺序/排列顺序	调节反思图示组织者 （实践和影响） ◇康奈尔笔记 ◇如果发生…… ◇积极、消极、有趣 ◇小组讨论 ◇竖起大拇指/放下大拇指

吉布斯的反思周期

教育研究员格雷厄姆·吉布斯（Graham Gibbs）在库伯的反思模型中添加了五种关键类型的问题，帮助学习者进行反思，并为未来的行动构建了思维框架。图9.3是吉布斯的设计，将基本知识纳入自我调节学习力。

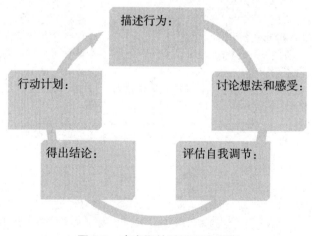

图9.3 吉布斯的反思形式周期

第一步：描述行为。事情发生后，重要的是，学习者以简单的方式陈述发生的事情。对于一些学生来说，这可能是一个挑战，因为他们很想得出结论或明确下一步的行动，这两种行为都会使描述变得混乱。值得注意的是，学习者可能不清楚到底发生了什么，或者产生了什么结果，所以需提出如下问题：

◇具体地说，发生了什么／结果如何？尽量不要使用"感觉"或"我想"这类语句来描述。

◇你做了什么或没有做什么来达到这个结果？

◇谁帮助你达到这个目标？

第二步：讨论想法和感受。在阐明产生结果的具体行为后，要求学生讨论他们对结果的感受和想法。所以需提出如下问题：

◇在这个项目开始时，你的感觉如何？

◇在这个项目结束时，你的感觉如何？

◇与你合作的其他人如何看待这个项目？

◇你认为你从这种情况中学到了什么？

◇与你合作的其他人如何看待这个结果？

第三步：评估自我调节。使用自我调节学习力的基本知识，学习者进行自我评估。提出如下问题：

◇进展顺利的是什么？

◇进展不顺利的是什么？

◇你对最终的结果有什么贡献？

◇需要做哪些调整和改进？

对于这一点，使用本章附录的"5个为什么"图示组合。

第四步：得出结论。既然学生已经对所发生的事有了一定的认知，并产生相应的行为和情感，那么，他们可以就如何确保之后的成功或者下次应该避免什么的问题得出结论。提出如下问题：

◇在这种活动中，哪方面可以表现得更积极些？

◇下次应该通过哪些行为才能获得更好的结果？或者应该避免哪些行

为才能取得更大的成功？

◇为了获得更好的结果，你需要改进或发展哪些技能和策略？

第五步：行动计划。在整理好所有信息并得出结论后，是时候为积累经验制订行动计划了。让学生关注前面的步骤，然后制订一个积极的行动计划。提出如下问题：

◇既然你知道你的情感是如何影响结果的（无论是积极的还是消极的），那么，下次你将如何关注你的感受？

◇回顾那些富有成效的行为，下一次你会做些什么来保持这一成功？

◇回顾那些无益的行为，下一次你会做些什么来避免这种情况出现？

◇在尝试下一个项目之前，你需要学习、开发或改进哪些技能和策略？

◇你确保哪些技能和策略能让你取得下次的成功？

其他的反思实践

本章附录中包含以下一些事例的图示组合。

日志／学习组合：组合评估可以成为培养学生自我调节实践的重要工具。有两种类型的投资组合：过程和产品。过程组合是学生对"正在进行中工作"的集合。学生对每项工作进行反思，并交流他们对工作进展情况的感受，谈谈他们为成功所做的工作以及它是否有效，并分析他们的思想是如何随着时间的推移而发展的。成果组合是展示学生掌握能力的最终结果。为了反思，学生应该在每一篇文章上记下它与自我调节基本知识的关系。

学生之间的对话：让学生有机会分组讨论他们的工作，反思他们的学习过程。学生可以通过比较笔记、帮助彼此在课堂上保持积极的观点，或在遇到困难时互相帮助等方法达到相互对话的目的。这些对话应保持在 5～10 分钟，以避免学生偏离反思。

辅导课程：辅导课程是指学生与教师面对面讨论学习的过程，而不讨论学习的结果，讨论时间在 1～3 分钟的一种讨论辅导课程方式。教师主要问一些引导性问题，比如："你觉得你在学习这个主题时做得怎么样？""你的主要障碍是什么？""你觉得什么样的学习方式最好？""你如何调整课堂上的活动,来适应自己喜欢的学习方式?"这些问题旨在引导学生在学习过程中承担更大的责任,培养更强的自我调节意识。

日志或日记:学生每天写日记,记录他们一整天的学习、表现或完成的事。为了组织他们的思维,让他们把页面分成三列或三行,并在最前面一列或最上面一行标上A(表示情感)、B(表示行为)和C(表示认知)。在每行或每列中,学生可以记录一天中发生的事情(见表9.3)。

表9.3 日志或日记示例

A	今天我真的很高兴来学校,因为在细胞学课上,我们要进行疯狂松饼比赛。我真的很喜欢斯温尼克夫人,她和我联系了,真的让我很开心! 第四节课,因为要进行英语词汇测试,我有点紧张。我知道,如果我这次考试考得不好,会影响我这个班的整体成绩。我真的想做得很好,但是我感觉不到老师的"爱"。
B	我知道,除了最后一段时间,我今天在课上的大部分时间都非常努力。我想,我只是厌倦了一整天做的所有事情。另外,当我回到家后,完全被必须做的事情分散了注意力。我不得不挤出我的学习时间,来照顾我的弟弟(这是一个痛苦的事)!也许,等他上床睡觉后,我就能抽出时间学习……如果他没有太多的臭味……也许我会贿赂他……哈哈哈!
C	嗯,我知道我必须把更多的注意力放在练习数学上。考试中的表现不如我想象得那么好,所以我需要回到老师那里,寻求一些关于如何做这些线性方程的帮助。如果我知道如何在实际生活中使用,或许我会理解如何计算。我打算在咨询期间,拜访一下卡什先生,也许他会给我一个线索,告诉我这一切是如何发生的!

博客:让学生创建博客,以日志或日记的形式发布他们的基本知识。当学生认同同龄人奋斗或成功的经历,并从他们那里得到建议时,博客就成了强有力的工具。但是,当学生在互联网上发布材料时,要采取一切必要的预防措施。

同行评议:同行评议是指学生对另一个学生的表现的反思。使用本章附录"同伴反思表"的结构,指导学生进行书面反思。告诉其他学生,他或她是如何影响他人的感受的,哪些行为是富有成效的,以及他或她在整个学习过程中是如何使用思维工具的。

类比反思:类比是指将一件事与另一件事联系起来。它可能有助于年轻学生的反思，尤其是对诸如情感等抽象概念的反思。使用简单的三列格式，让孩子绘制草图，或写出关于自我调节力基本知识的简单陈述（见图9.4）。

图9.4　类比反思实例

快速反思的学习指南：学习指南可以为课外的或自主学习期间的学生提供帮助。学习指南可以是一个问题或一个提示框架，它可以让学生的注意力集中在学习材料的重点知识上。这也可以用于指导之前、期间和之后的反思。学习指南提示包括：

◇在阅读本章之前，写下你关于这个话题已经获悉的内容。在阅读过程中，将清单放在一旁对比，以检查你自己的准确性；当你发现阅读材料与你所知道的东西一致时，用黄色标出显示；当你发现阅读与你所想的相反时，将其标为粉红色。在学习期间，要关注粉红色的标识。

◇在阅读过程中，记下你觉得有趣、矛盾、过于简化、超出你的理解力的内容，等等。课堂讨论中将使用这些内容。

◇阅读完本章后，向作者提问，如：

——你在哪里找到你的信息？

——来源是谁或者是什么？

——你为什么要这样写文章？

——是否可以考虑其他观点？

◇阅读完本章后，请花几分钟时间总结一下你学到的知识，写3~5句摘要就可以。

出／入反思标签：出／入反思标签是简单的注释，它把那些学生在学习过程中"卡住"的内容和／或学生在课后提出的问题传递给了教师。"反思标签"给了教师体会和离开学生反思过程的权利。根据这些信息，教师可以调整第二天的教学内容，或者对学生在学习过程中所处的位置进行快速抽样。对于学生来说，这是一个简单的反思课堂教学的方法。请参阅本章附录。例子包括：

◇3-2-1是学生在课程中获得的三个新想法、与新信息建立的两个联系以及一个仍然存在的问题的列表。

◇高兴地大声说：让学生大声说出包括空格在内的140个字符的学习内容。学生所写的内容必须尽可能接近140个字符但不要超过。

◇快速草图：使用速写对视觉学习很有帮助。在一张小纸片上［4英寸×5英寸或3英寸×4英寸（1英寸为2.54厘米——译者注。）的便签］，让学生画一幅关于他们今天在课上学到的最重要内容的草图（而不是画图）。强调这是一幅草图，而不是一幅画，这样学生就不会把它与艺术项目或艺术作品联系起来了，而是把所有的思考时间都用来完善这幅图。他们应该用几条线来概括主要思想，并可以用几句话来突出他们的想法。

◇你有什么问题？每个学生至少写一个想在下节课上提出的问题。这个问题可以写在一张小纸片上，或者通过电子邮件、博客文章或电子公告板发布。此外，这个问题必须与主题相关，而不是无关主题或类似于"我们为什么需要学习这个"之类的问题。如果学生问"我们为什么要学习这个？"那么，建议他们深入挖掘所学的内容，并提出一个更尖锐的问题，比如"阵列以什么方式帮助我了解我的世界？"或者"什么职业在日常工作中习惯于使用代数？"

◇竖起大拇指／大拇指向下：这个简单的形式是指让学生对项目（他们对什么感兴趣，觉得什么有意义，或者他们喜欢什么）、对项目（觉得没有意义的，与他们没有关系的，或者最不愉快的课程内容）进行分组。

◇我感觉到，我做到了，我想到了，我学到了：这有助于学生在学习过程中识别自我调节的维度，并引导他们学习知识。

作为反思实践的评估

表 9.4 中的教学和学习连续体是构建学习自主性的框架。学习自主性是指在学习过程中，学生具有自我调节力，能够自主学习。这个模型逐渐将学生从高度依赖教师的学习模式转变为独立于教师控制的学习模式。

表 9.4　教学和学习连续体（Cash，2011）

教学与学习连续体水平	知识水平	评估类型		
		诊断性	形成性	总结性
咨询教学 ◇学生设计评估来开发、监控、评估自己的学习过程	自我调节（元认知） ◇创作　◇撰写 ◇发明　◇产生 ◇批判　◇起源 ◇假设　◇延伸 ◇变换　◇构建	◇以学生为导向的问题调查 ◇设定个人目标 ◇建议 ◇发展	◇个案研究 ◇假设发展 ◇更新个人目标 ◇网站 ◇进度报告 ◇专家反馈	◇学生设计的题目 ◇学生设计的产品 ◇观众/专家评估
辅导教学 ◇师生合作设计评估	概念 ◇评价　◇分析 ◇检查　◇设计 ◇连接　◇推断 ◇支持　◇解构 ◇整合　◇适应 ◇区别　◇测试 ◇辨别	◇兴趣调查 ◇合同 ◇自我高估	◇实验室/实验 ◇论文陈述 ◇自我评估/进度报告 ◇讲坛讨论 ◇模拟 ◇维基写作工具 ◇互动教学	◇学生与教师协商的题目 ◇学生与教师协商的产品 ◇自我评价 ◇同行评议 ◇投资组合 ◇研究报告 ◇合同完成

续表

教学与学习连续体水平	知识水平	评估类型		
		诊断性	形成性	总结性
促导教学 ◇教师对个别学习者或团体的评价	程序 ◇构建　◇检查 ◇预测　◇执行 ◇分类　◇代表 ◇解决　◇归类 ◇重组　◇原因 ◇澄清　◇总结 ◇理解　◇比较 ◇翻译　◇类推 ◇对比度　◇开发 ◇重新设计　◇展示 ◇显示　◇预测 ◇区分　◇执行 ◇地图　◇解释 ◇实施　◇相关 ◇举例说明　◇模型 ◇显示　◇理解 ◇解决　◇考试 ◇释义　◇使用	◇KWL ◇引导式提问 ◇小组讨论 ◇思维导图风格/模式/偏好	◇讨论 ◇反思 ◇示范 ◇家庭作业 ◇研究 ◇退出卡 ◇口头陈述 ◇游戏 ◇签到 ◇电子公告板/电子聊天室	◇主观评价（开放式论文） ◇海报 ◇研究论文 ◇教师设计的题目 ◇辩论 ◇团体项目 ◇评估站
直导教学 ◇教师根据小组整体学习安排评估	事实 ◇召回　◇选择 ◇定位/查找 ◇记住　◇定义 ◇名称　◇验证 ◇描述　◇背诵 ◇回应　◇识别 ◇说　◇匹配 ◇标签　◇告诉 ◇列表	◇教师安排预备考试	◇智力测验 ◇家庭作业 ◇练习考试 ◇班级参与 ◇绩效评估	◇目标评估（多项选择，真/假） ◇标准化测试

第一阶段：直导教学（示范和观察）

在学生自我调节和自主学习的最低层次上，直导教学是指教师通过视觉、听觉或直接传授知识。为了向学生讲解信息、激发他们的好奇心、进一步为学习奠定基础，直导教学是必要的。这种类型的指令直接与自我调节学习力模型中的阶段1相关。尽管学生承担的责任有限，但他们仍然积极地对事实、程序和概念知识进行理解。

教师在这个阶段设计评估方案，主要是为了检查学生对书面考试内容的理解。从教学评估中收集到的大多数信息是来自学生对知识的回忆、记忆、陈述或背诵，这些都是布卢姆分类法的最低层次。在诊断性（或预评估）、形成性和总结性层面上，教师是获取信息的主要承担者。现阶段学生自我调节的本质是关注信息（见表9.5）。

表 9.5 第一阶段的评估

诊断性（预评估）	形成性	总结性
由教师或课程资源设计：确保学生拥有适当的背景知识、预备技能和策略，以及概念意识。	由教师根据总体目标实现情况提供：让教师和学生了解在教学过程中获得的基本信息。	教师或课程资源为整体小组提供：有助于保持记忆力的真实的信息；学习下一主题所需要的信息。

现阶段的反思：
◇是基于教师的提示或启发。
◇特定于当前主题。
◇是为了衡量学生最初的兴趣和对学习的关注度。
◇是为了让学习者更加独立。
◇包括以下形式：
——评估审查，以寻找错误与准确性。
——特定课程或活动的出／入反思标签。
——针对学到的内容以及它的重要性开展课堂讨论。
——每天写日记或日志，反映当天发生的情况。

第二阶段：促导教学（模仿和执行）

与自我调节学习力模型的阶段2有关的是教学连续体的促进水平。教师开始通过安排灵活的小组活动和讨论的方式，提供更多的内容来放手教学控制权。现在，学生能够运用知识的基本原理和自我调节力开展实践。学生在采取行动和回应时，也承担了一些自我管理的责任。

这个阶段的评估，旨在引导学生达到目标，并展示他们在获取技能和提炼概念方面的能力。在学生对信息有基本的理解的基础上，教师构建评估，便于学生做出选择或达到特定的目标。学生和教师都是评估产品的信息消费者。与评估具有独特性的教学水平不同，在促导阶段，评估应该开始跨越主题和学科。学生在与他人越来越多的合作中，逐渐意识到管理自我情绪、行为和思维的必要性（见表9.6）。

表9.6 第二阶段的评估

诊断性（预评估）	形成性	总结性
教师在考虑学生有关情况下开发： 发现先前的知识优势和经验，并找出问题、兴趣水平和学习偏好。	教师根据学生群体的需要进行： 为教师和学生提供更广泛的主题意识和明确的达成目标。	由教师为学生个人或群体设计： 提供深入理解和简单应用于其他领域的信息，并帮助学生为进一步调查做好准备；提供有关工作的既定含义的信息。

现阶段的反思：

◇基于教师和学生的提示或启发。

◇跨越主题和学科。

◇评估主题内的持久或特定的措施。

◇通过小组讨论让学习者走向独立。

◇包括以下形式：

——回顾评估和产品，以寻找准确的应用。

——广泛应用于多种课程的出/入反思标签。

——讨论如何增强对信息的理解和进一步探究的需要。

——写日记或日志,对多种课程或活动进行反思。

——关注情感、行为和认知的合作评估。

第三阶段: 辅导教学(练习和完善)

在辅导层面上,教师和学生就学习的主题、设定的目标和评估学习的方式进行合作。教师充当学生在学习中的观察者,并提供具体的描述性反馈,以确保学生达成目标。教师放手学习控制权,使学生能够建立更强的自我调节力。通过这种方式,学生开始管理自己的情感和动机,他们通过避免分心来保持注意力,并利用更高水平的元认知和基础认知。学生根据课堂上的自由度,进行更高水平的思考、处理信息和自我调节(见表9.7)。

表9.7　第三阶段的评估

诊断性(预评估)	形成性	总结性
师生合作: 发现、点燃或发展核心话题以外的兴趣;商定目标;衡量动机、技能发展和概念意识。	教师发起,学生主动参与: 为学生提供针对目标的具体反馈;持续动机、技能发展和概念理解的自我评估。	教师根据学生的意见创建: 衡量目标实现程度;为同行评审、绩效结果自我评估和努力应用提供机会;为将来的研究提供信息。

现阶段的反思:

◇基于学生的成长经历。

◇跨越主题和学科。

◇评估学习中获得的愉悦感的具体程度。

◇确定学生在整个学习活动中的独立程度。

◇包括以下形式:

——进行评估,以确定理解信息的深度。

——对自我监控实践进行自我评估。

——关于学习本质的小组讨论。

——辅导课中的学生和教师。

——反映学术情况的个人日记或日志。

——同行评议侧重于情感、行为和认知。

第四阶段：咨询教学（独立学习和应用）

教学连续体模型中，最复杂的阶段是咨询教学阶段，学生在教师的指导和支持下开展学习过程。在这个阶段中，学生必须拥有并实施最大程度的自我调节。教师的角色是提供建议、支持和专家反馈。学生负责设计、计划、监控和评估最终结果。

在咨询教学阶段，学生必须监控自我调节的三个维度。学习者有责任调整基础知识来追求目标，然后深刻地反思这些调整的意义。请注意，并非所有学生通过一年的学习都可以达到这种程度的自主性，也不是所有学生都需要在这一水平上花费大量的时间。根据学生发展状况和教育经验，一些学生可能会提前达到这一水平，而另一些学生可能会在以后的学年达到这一阶段（见表9.8）。

表9.8 第四阶段的评估

诊断（预评估）	形成性	总结性
由学生决定：识别对学习者具有个人价值的情境或问题；阐明要设定的目标水平；明确要遵循的过程。	由学生发现：专家就学生实现目标提供了特定的、可实现的反馈。学生对动机、技能实施和认知进步进行持续地自我评估。	由学生设计：由专家、同行或观众组成的评审团决定产品的真实性；学生自我评估成绩和努力应用；学生利用信息来指导未来的实践。

现阶段的反思：

◇贯穿学生整个过程。

◇包括多个学科之间的联系。

◇衡量目标的设定、监控、实现和调整。

◇将自主性确定为最终产品。

◇包括以下形式：

——个人对学习过程的反思。

——自我调节应用的自我评估。

——关于学习性质的个人报告。

——咨询会议中的学生、专家或教师。

——反映奖学金的申请和意义的个人日记或日志。

——侧重于产品的结果和影响观众／专家评论。

鼓励放松

在当今世界，每周7天、每天24小时，大多数学生不断地受到大量信息的挑战，他们无法避免注意力不受干扰。另外，学生有很多参加校外活动的机会，从合作性课外活动到与朋友面对面或虚拟地交流。我们经常听到学生抱怨，他们疲惫不堪、压力重重、情绪低落。对于资源有限的学生来说，在没有后顾之忧的情况下，真正放松的机会是有限的。

平衡学校的学习和其他兴趣、寻找休闲活动，对于培养学生的自我调节力至关重要。能够把休闲和放松的时间融入到日常生活中，对于寻找快乐和幸福，培养积极的人生观是极其重要的。教学生反思和放松对他们的生活既有直接的影响，又有长期的影响。

休闲活动

爱好。如：收集硬币、卡片或石头；练习书法；研究电子产品。帮助学生找到他们的兴趣，让他们研究兴趣爱好，并向他们展示如何通过在线小组或课余俱乐部找到具有相同兴趣的人。

运动和体育活动。这是培养兴趣并且同时得到锻炼的好方法。学生可以参加课外活动或加入各种社团。

艺术和娱乐。无论是观看还是参与艺术和娱乐活动，都会让大脑的一部分参与到更多富有逻辑顺序的活动中，而这些活动也不会刺激大脑。学校戏剧团、艺术俱乐部、当地艺术博物馆或电影团体，都可以将志同道合的人聚集在一起。

自然休闲活动。比如徒步旅行、骑自行车、露营，或者只是在本地公园散步，都可以让人放松心情，让新想法得以绽放。另外，学生还可以参观当地的植物园、动物园或公园服务中心，了解参与志愿活动和外出郊游的机会。

家庭活动。例如，与某人一起阅读、烹饪或烘焙，修理房子周围的物品、园艺或照料植物，与他人玩面对面的互动电脑游戏，或与朋友们一起观看经典电影。

其他想法包括：

◇ 与家人和朋友共同度过美好的时光。

◇ 学习演奏乐器或唱歌。

◇ 写故事。

◇ 每天散步。

◇ 认识你的邻居。

◇ 建立一个小企业来帮助邻居，比如耙树叶、修剪草坪或铲雪。

◇ 在当地博物馆、图书馆或社区中心做志愿者。

◇ 学会说另一种语言。

◇ 研究战争期间使用的象形文字或代码等主题。

放松精神

鼓励学生在日常生活中安排放松活动。包括：

◇ 深呼吸：用鼻子吸气，保持三秒钟，然后用嘴巴呼气。吸气时，你可以张开双臂，像鸟儿张开翅膀一样，在呼气的时候把双臂放回原处。每天深呼吸至少 10 次。

◇ 练习瑜珈。

◇ 听平静的音乐。

◇玩纸牌游戏。
◇通过阅读书籍、杂志、报纸或漫画书获得乐趣。
◇冥想。
◇与朋友或家人交谈。
◇和宠物一起玩。
◇跳舞。
◇每天笑！

放松和建立休闲活动需要练习。有时，学生可能需要尝试几种不同的活动和策略，以找到最适合他们的放松方法。

本章小结

本章将反思和放松结合起来，作为提高学生自我调节力的方法。库伯和吉布斯的反思理论为学生在学习中有效运用反思的过程和方式提供了基础。以教学连续体作为指导，通过教学和评估过程建立更高水平的学习自主性，为教师提出从扶到放的方法，使学生培养更强的自我调节责任感。最后，教导学生如何放松、参与休闲活动，这对他们平衡情感、行为和认知的能力会产生重大影响，从而帮助学生实现学习的自我调节。

附录：

同伴反思表

姓名：_____　　评审：_____

学科：_____　　主题／项目：_____

	你做得很好	建议你思考	存在的问题
影响因素 ◇ 有动机 ◇ 专心工作 ◇ 合作 ◇ 对行动负责 ◇ 分担责任 ◇ 是一种积极的力量			
行为因素 ◇ 坚持任务 ◇ 努力 ◇ 明智地使用时间 ◇ 有条理 ◇ 听取他人的意见 ◇ 管理时间 ◇ 有帮助 ◇ 积极参与学习 ◇ 按时完成工作			
认知因素 ◇ 用问题来理解 ◇ 考虑周到 ◇ 说话前思考 ◇ 使用先前的知识或经验进行连接 ◇ 应用所学知识 ◇ 寻求了解更多 ◇ 提供新的或新颖的想法			

取自理查德·卡什《自我调节课堂》，2016版。本页可供个人、课堂或小组作业复制。如有其他用途，请联系Free Spirit Publishing Inc. 授权，网址：www.freespirit.com/。

出／入反思标签

3-2-1

三个新想法	
两个联系	
一个问题	

高兴地大声说

....
....
....
....

快速草图：示例——美国政府的权力平衡

取自理查德·卡什《自我调节课堂》，2016版。本页可供个人、课堂或小组作业复制。如有其他用途，请联系Free Spirit Publishing Inc. 授权，网址：www.freespirit.com／。

竖起大拇指 / 大拇指向下

我感觉到，我做到了，我想到了，我学到了

我感觉到：
我做到了：
我想到了：
我学到了：

取自理查德·卡什《自我调节课堂》，2016版。本页可供个人、课堂或小组作业复制。如有其他用途，请联系Free Spirit Publishing Inc. 授权，网址：www.freespirit.com/。

如果 – 那么

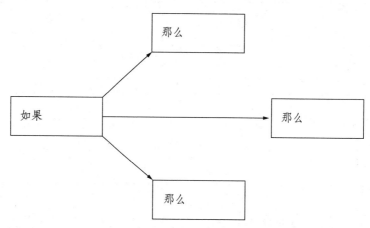

如果发生什么

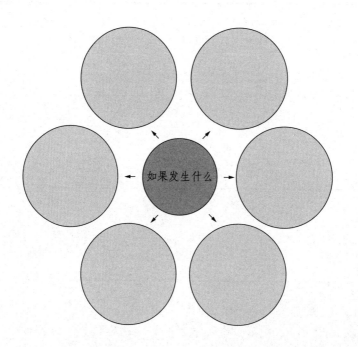

取自理查德·卡什《自我调节课堂》，2016版。本页可供个人、课堂或小组作业复制。如有其他用途，请联系 Free Spirit Publishing Inc. 授权，网址：www.freespirit.com/。

什么，那么怎样，现在怎样

什么	
那么怎样	
现在怎样	

5个为什么，所以

陈述：
为什么：
为什么：
为什么：
为什么：
为什么：

续表

所以：

取自理查德·卡什《自我调节课堂》，2016版。本页可供个人、课堂或小组作业复制。如有其他用途，请联系 Free Spirit Publishing Inc. 授权，网址：www.freespirit.com/。

积极，消极，有价值

陈　述	积极的结果	消极的结果	有价值的建议

取自理查德·卡什《自我调节课堂》，2016版。本页可供个人、课堂或小组作业复制。如有其他用途，请联系 Free Spirit Publishing Inc. 授权，网址：www.freespirit.com/。

第 10 章

综合运用——课堂和学校计划

> 如果我们能在孩子需要支持的时候给他们带来理解、安慰和希望,那么他们长大后更有可能在自己身上找到这些资源。
>
> ——弗雷德·罗杰斯(Fred Rogers)

40多年来,自我调节学习力一直是教育心理学研究的热门话题。科学家用各种方式对自我调节的理论进行了实践。特别是在这个责任感不断增强、标准不断改善和技术不断进步的时代,自我调节学习力的重要对话包括教师、学校领导和政策制定者,以确保理论与实际相联系。

在21世纪日益复杂的世界中,学生必须学习和应用适当的自我调节策略,这是取得成功的关键,也是为了帮助他们解决所有的问题、实现未来的奇迹。虽然现代技术的发展会越来越分散学生的注意力,但学生需要保持专注,并且要学会合作和独立。因此,我们必须嵌入关于管理情感、行为和认知的直接指导、练习和应用。

学生带着社会、情感、行为和认知的差异来到课堂。正如差异已经成为教学中的一个共同术语一样,差异也必须成为自我调节学习力发展中的一个共同术语。学生在学习的不同阶段都会有不同的自我调节需求。

本书从情感、行为、认知维度和自我调节四个阶段的角度解释了自我调节与学生参与学习的四个阶段之间的相互作用,为课堂教师、项目管理者和学区教研专家提供了一个提高学生的参与度、成绩和成就的框架。有些人认为,在学校取得成功的学生比没有取得成功的学生拥有更高的智力和能力。然而,前几章所讨论的大量研究表明,自我调节力比实现成功的智力和能力更重要。不管智力水平或能力水平如何,如果没有耐心、自制力、好奇心、自信、决心和毅力,成功仍然是难以实现的。

在本章中,我将重点介绍实施自我调节的方法——从课堂到学校的整体计划。你将从了解和理解每个课堂中不同类型的学习者,到制定课堂或学校实施目标,再到直接指导教学以及制定自我调节的策略。自我调节学习力者发展的关键是共同体范围内的学习方式。与学校共同体的所有利益相关者的合作,对于确保我们的学习者做好迎接挑战的准备至关重要。

课堂实践的框架

重要的研究表明,学习自我调节技巧和读写技巧的学生,比那些只学习读写技巧的学生表现更好。对于那些学习费力或初始学习动机低的学生来说尤其如此。这些证据表明,我们必须将自我调节策略和内容策略结合起来,以确保学生不仅拥有学习内容的工具,还拥有自主学习的工具。使用具体的、差异化的课堂应用模型,是使学习者走向自主和熟练的有效方法。

表 10.1 显示,在计划教学生自我调节的四个阶段时,需要考虑四个重点领域(意识、管理、教学和团队)。这四个领域构成了一个强大的学习环境,其中发展自我调节包括个人、学术和社会经验的参与。

表 10.1　自我调节的课堂应用模型

	意识	管理	教学	团队
示范和观察	教师为学生提供有关学习类型或偏好,兴趣和优势/局限的评估。	教师提供目标并告诉学生如何管理这些任务。	教师为学生提供自我调节策略的明确指导。	教师定义了课堂学习的期望和规范。

续表

	意 识	管 理	教 学	团 队
模仿和执行	教师帮助学生调查各种兴趣和优势/局限。	教师把学生的注意力集中在目标，并帮助学生完成任务。	教师将自我调节策略定义为实践，并引导学生获得。	学生可以清楚地表达课堂的期望和规范，并遵照执行。
实践和提炼	学生在处理任务时关注或调整他们的学习偏好，对感兴趣的话题进行自我检查，并在工作时考虑他们的优势/局限。	学生和老师达成一致目标。学生自我评估为实现目标而管理任务的能力。	学生利用同伴互助来实施自我调节策略。同伴互相检查熟练程度。	学生监控自我和同伴，以达到课堂的期望和规范。
独立学习和应用	学生反思如何更好地关注他们的学习类型，克服局限性，并利用优势来实现目标。	学生设定目标并定义完成目标所需的管理技巧。	学生选择并独立应用策略来实现学习目标。	学生合作完善期望、规范，或设定个人期望和规范。

这四个重点领域中的每一个领域，对学习者掌握技能、调控意志的策略都有影响。图10.1显示了自我调节在四个重点领域的课堂应用概要。

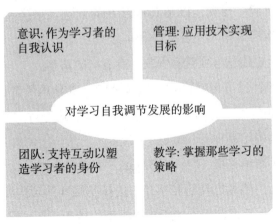

图10.1 自我调节的课堂应用概要

第10章 综合运用——课堂和学校计划

意 识

学生必须了解并掌握有关学习类型和偏好、兴趣、学术优势和局限的知识。这种意识有助于学习者知道在哪里、什么时候以及如何将努力程度应用于学习任务。学生分析他们的个人学习类型（更喜欢通过阅读、倾听还是与材料互动的方式来学习），并将自己与课堂共同体中的其他人进行比较，使学生能够认识到所有人都以不同的方式进行学习。对于学生来说，定期反思他们是如何学习的，他们正在形成什么积极/消极的习惯，什么在促进/抑制进步，以及什么技术正在使他们朝着更大的自我效能方向发展，这些都是很重要的。

示范和观察阶段的意识策略

教师应该分享有关不同类型的学习方式的信息，并允许学生探索不同类型的学习风格，以便更多地了解他们如何看待世界并理解新信息。网上有很多选择和大量的资料。无论你使用哪种方式，都要给学生提供示例和示范，以帮助他们开始观察自己是如何学习的。

◇霍华德·加德纳（Howard Gardner）的多元智能理论包括以下学习形式：视觉－空间、逻辑－数学、身体－运动、音乐－节奏、言语－语言、人际－关系、自我－反省，以及其他潜在的候选人格类型：自然主义者、精神存在主义者和道德主义者。教师可以分发加德纳学习风格的清单，这样即使是小学生也能从这项活动中获得有意义的信息。

◇库伯的四种学习偏好模式包括调节者、求异思考者、求同思考者和同化者（第9章讨论了这些内容）。教师可以对这四种模式进行定义和建模，使学生能够确定哪种模式最易于描述。

◇迈尔斯·布里格斯（Myers-Briggs）的性格类型包括外向、内向、感知、直觉、思考、感觉、判断和感知。选择使用这种人格类型分类的教师，可以使用互联网上普遍使用的关于人格类型的概述，不要使用类似临床医生使用的专业清单。

◇斯腾伯格的成功智力理论涉及三个能力维度：分析性、实践性和创造性。我们每个人都具有这些能力，但是由于偏好各不相同，能力也有所侧重。

◇四种类型的思考者将思考者分为四类：接收者、直觉思考者、顺序思考者和关联思考者。

◇学习方式包括视觉、听觉和动觉。

◇格里高克模型（Gregorc's model）使用了四个类别：随机学习、顺序学习、具体处理和抽象处理。有关该模型的更多信息，请参见表10.2。

表10.2 基于格里高克学习偏好模型的策略

		学习	
		顺序的	随机的
过程	具体的	具体顺序偏好学习者 ——需要现实世界的例子 ——有条不紊地收集信息 ——通过感官检测（视觉，触觉，声音，味道，气味） ——轻松回忆细节、事实、公式和规则 ——享受亲身体验 ——需要逐步说明 ——倾向于独自工作 ——要求时间表/截止日期/大纲	具体随机偏好学习者 ——爱做实验 ——需要现实世界的例子 ——在学习中反复试验 ——实现直观的飞跃 ——需要找到其他方法来做事情 ——按照自己的方式做事 ——依靠他们的能力去思考 ——享受多重视角 ——喜欢解决问题 ——给自己最后的期限 ——接受变化 ——试着和那些求异思考的人一起工作
	抽象的	抽象顺序偏好学习者 ——喜欢理论和抽象思维的世界 ——从概念上和分析上进行思考 ——偏好哲学 ——享受研究 ——容易放大重要的东西 ——是逻辑的、理性的、反省的思想者 ——享受阅读 ——深入调查 ——一般喜欢独自工作 ——就像逻辑练习一样 ——不断满足他们的想法 ——喜欢高度结构化的情况	抽象随机偏好学习者 ——在非结构化设置中茁壮成长 ——反思关于组织的信息 ——通过感受和情感理解世界 ——以独特的方式进行联想 ——当信息是个性化时记得最好 ——不喜欢被限制在结构化的环境中 ——具有与他人合作的自然能力 ——认识情绪如何影响生产 ——学会联想 ——需要大局 ——必须有时间工作 ——使用视觉线索来帮助收集信息

（基于格里高克的研究，1998年。）

◇四种类型的学习者将学习者分为顺序型、情感型、解决问题型和创造型学习者。虽然每个人在四个领域中都有相应的学习能力，但每个人总会有一个或两个类型占主导。这个模型将在本章的下一节中介绍。

除了进行评估或调查来确定学习偏好之外，还要举例说明你是如何了解自己的学习偏好的。

使用预评估的方式来确定学习的优势和局限性。例如，在开始有理数这个数学单元之前，为学生提供一系列的数字让学生来判别有理数和无理数。通过快速检查表，教师可以确定哪些学生理解有理数的概念，哪些学生不理解。然后，教师设计课程来扩展那些理解有理数的学生的知识，并设计课程使那些不理解的学生能够深入理解。

模仿和执行阶段的意识策略

◇学生和教师分析学习偏好调查。

◇学生和教师分析兴趣调查。

◇学生和教师分析预评估。

◇教师帮助学生解读调查和评估中的数据。

◇教师帮助学生记录他们的方式。

——喜欢学习。

——享受收集信息。

——喜欢专注于自己的学习兴趣。

——利用自己的优势来支持限制。

实践和提炼阶段的意识策略

◇教师鼓励学生。

——使用学习偏好来接近一项任务。

——把兴趣集中在一个主题上，或找到对这个主题感兴趣的区域。

——检查优势和局限。

◇教师指导学生。

——调整学习偏好以完成任务。

——在主题中寻找兴趣。

——利用优势完成任务。

独立学习和应用阶段的意识策略

◇学生反思自己的表现如何。

——在学习类型或偏好中使用监控、调整和执行。

——通过专注目标来避免分心。

——能够克服障碍和限制或跨越学习目标的障碍。

管 理

当学生拥有对情感、行为和认知的自我调节力时，他们就更加能适应不同的环境，坚持复杂的活动，灵活地处理棘手的问题，并更注重学习目标导向。具有自我调节力的学生，能设定适当的具有挑战性的目标，有效地分配时间和资源，并监控进度，以便在必要时进行调整。他们也更擅长回顾自己的学习经历，并利用这种反思来毫无畏惧地迎接新的学习。

示范和观察阶段的管理策略

◇教师为学生提供学习和自我调节目标。

◇教师模拟并指导学生使用特定的技巧。

——管理时间。

——组织材料。

——寻求帮助。

——专注于任务。

——休息一下。

——反思。

模仿和执行阶段的管理策略

◇教师帮助学生把注意力集中在所要达到的目标上。

◇教师监督学生运用管理工具。

◇要求学生有意识地／公开解释所使用的工具和技术，并分析各自的学习情况。

实践和提炼阶段的管理策略

◇学生和教师一起宣布学习目标。

◇教师帮助学生使用自我调节工具。

◇教师提醒学生实现自我评估目标的方法。

独立学习和应用阶段的管理策略

◇学生设定自己的学习目标。

◇学生明确使用的策略和时间。

◇学生自我反思达到目标的成功程度。

教 学

学生需要通过多种方式来获得自我调节的策略和技巧，这没有刻板统一的教学方法。有些学生会通过明确的直接指导、有针对性地反思和教师的密切监控来学习，这样的学习效果最好。有的学生可能会发现和观察其他人制定的策略，并参与实践和分析策略效果的活动中，这是最有益的。所有学生都可以从自我评估过程中受益。不管评估的形式是绘制成绩图、与教师或同学讨论，还是记录个人成长，自我评估都是发展自我调节力的重要方法。

示范和观察阶段的教学策略

◇教师指导学生如何使用自我调节工具。

◇教师为学生示范工具。

◇教师确保学生了解策略，并能获得监控。

模仿和执行阶段的教学策略

◇教师让学生直接实施自我调节的工具。

◇教师密切监控学生使用这些工具的情况。

◇教师要求学生阐述如何应用策略以及何时最有效。

实践和提炼阶段的教学策略

◇在教师的指导下，学生运用策略来满足形势的要求。

◇学生监控实践的应用情况和结果。

◇学生在必要时调整策略。

独立学习和应用阶段的教学策略

◇在没有提示的情况下，学生可以自由地运用策略来解决问题。

◇学生在实施有效策略时寻求同伴的帮助。

◇学生反思，自主进步。

团　队

学习自我调节必须融入到课堂体验的共同体结构中。所有的人都渴望并努力获得个人身份。在实现身份时，我们从互动、环境和他人的反应中获取线索，把自己的身份概念化。形成学习者身份的第一步是对教育价值提出个人的看法。在学习中，没有发现教育价值的人无法达成目标。每个学生必须评估、监控和调整他们的情感、行为和认知，以实现有价值的目标，并与他们希望被别人认同的方式保持一致。在预期的期望和学习规范下开展学习，学生还必须考虑如何与课堂共同体中的其他人互动。学生小组应该分析合作努力的有效性和合作过程的效率。最后，课堂体验应该反思如何提高所有人的期望、规范和课堂环境。

示范和观察阶段的团队策略

◇围绕获得自我调节的策略，了解团体发展的方法，教师制定课堂期望和规范。

◇教师示范或提供应用期望和规范的实例。

◇教师发布并不断提及期望和规范。

模仿和执行阶段的团队策略

◇教师要求学生背诵或引用课堂期望。

◇教师以鼓励团队发展的方式安排和组织学生。

◇教师为学生提供选择，如学习中心或学习站，应用于期望／规范和团队实践。

实践和提炼阶段的团队策略

◇学生自我监控他们的实践应用，遵守课堂期望／规范和团队的发展。

◇学生共同努力，确保团队的所有成员遵守期望和规范。

◇学生在维持期望和规范方面互相支持。

独立学习和应用阶段的团体策略

◇学生不再需要提醒来应用和监督课堂期望。

◇学生可以设定个人期望和规范来提高他们的成绩。

◇学生一起工作，很少得到教师的指导。

◇作为一个班级，学生反思课堂环境及其对学习的重要性。

请大家记住，学习自我调节的干预策略并不是一成不变的。对一个学生有用的策略，对另一个学生可能没用，不应该照本宣科地使用这些策略。教师必须在特定的环境下，流畅地示范、应用、强化和评估。本书中列出的策略是一系列想法和建议，应该根据孩子的情况、学习环境和教育背景进行调整（参见表10.3）。

表10.3 自我调节发展的六个关键

1.必须向学生提供一系列可供选择的策略。
2.策略必须由教师或其他人在环境中进行示范。
3.学生在使用策略时，必须学会如何付出努力。
4.学生在使用策略时必须依赖同伴，从合作中寻求帮助。
5.学生必须使用策略，从一个动作/情境转移到另一个动作/情境。
6.学生必须在真实的经历中工作，才能应用策略。

四种类型的学习者

帮助学生理解最佳的学习方式是他们应对压力的有效方法。当学生遇到困难时，他们可能会依赖无效的策略，致使他们受挫。举个例子，一个非常有条理的学生，他会按学习顺序预先准备好东西。当这个学生从事一项可能有多种结果的开放式活动时，他可能不知道从哪里开始，也不知道如何开始。在这种情况下，在活动中采取更灵活的态度或风格可能是有帮助的。

历 史

20 世纪 80 年代开始流行的学习风格成为教师区分课堂学习的一种方式。学习风格的概念（learning styles）源自具有悠久历史的心理学，从卡尔·荣格（Carl Jung，1923）到迈尔斯·布里格斯（Myers-Briggs，1962/1998）的《类型标识》，再到教育专家哈维·西尔弗和理查德·斯特朗（Harvey Silver and Richard Strong，2004）的普通文学作品。

争 议

近年来，关于在课堂上承认和使用的学习风格是否能够提高学生成绩一直存在争议。许多实践者根据学生喜欢的学习方式来证明这些学习风格的有效性。事实上，斯腾伯格进行的研究表明，要求学生以多种方式掌握知识会使其学业成绩显著提高。

四种类型

通过西尔弗和斯特朗的研究，我们发现将学习者分成四类有助于加强他们的情绪调节能力（参见图 10.2）。

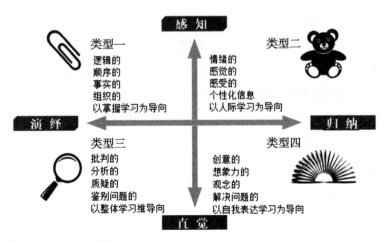

改编自 Silver, Jackson, and Moirao, 2011。

图 10.2　四种类型的学习者

这种类型不是基于任何特定的研究，而是基于我们与人相处的经验以及我们如何学习的知识的体验。每个人都是四种类型的组合体，尽管许多人在学习或与世界互动时，喜欢一种或两种类型。有些学生在完成任务时，能够从一种类型转换到另一种类型。当学生在课堂里感到纠结时，考虑以下可能的原因：

◇由于信息的传递方式不同，他们不理解这些信息。

◇他们发现，当需要经验时，很难从一种类型的学习转移到另一种类型的学习。

◇他们与教师喜欢的教学方法有冲突。

◇他们无法识别自己是或需要成为哪种类型的学习者。

◇在小组中时，他们与其他学生的类型不匹配。

类型一：回形针

回形针型的学习者是喜欢计划、顺序和时间表的人。这些学习者更喜欢知道将要发生什么，以及他们对此的期望。他们在整洁、有序、高效的环境中感觉更自在。回形针型学习者喜欢创新，喜欢检查待办事项列表并予以维护。他们喜欢研究事实和细节。他们认为自己是完成型的学习能动者。

这些学习者可能会因随机的对话、不准确的信息、突然的时间表变化以及太多的灵活性，感到纠结或难以理解。要扩展这种类型的学习者，就要考虑包括开放式活动或"杂乱"问题在内的那些没有正确答案或程序的情况。鼓励回形针型学习者通过小组学习的方式进行创造性思考。让他们知道承担智力风险是安全的，并且他们会时不时地犯错。

回形针型学习者的个性在有时间要求、规则优先、需要按序依次解决问题的情况下是很有价值的。通常，回形针型学习者在低年级表现良好，大约占学生总数的三分之一。

类型二：泰迪熊

泰迪熊型的学习者是情绪化的人。这些学习者认识并关注自己和他人的感受和行为。他们让别人感到舒适，对别人产生的影响感兴趣，并且非常需要有一个积极的环境。泰迪熊被认为是语境化或个性化学习者——他们在有关联的环境中学习，通过完整的经验或从以前的经验中学习。泰迪熊型学习者更喜欢小组合作，创设小组情绪，鼓励他人，并参与服务学习项目。这些是"积极型"学习者——总是看到别人最好的一面。

我们会发现，这种类型的学习者可能很难与他人进行辩论，很难感受到别人纠结的情绪，很难看到高度激烈事件（如大屠杀或侵略行为）真实的一面，很少批评他人。为了让泰迪熊型学习者在学习中感觉更舒适，教导他们通过推理和建立共识的方式来做出决定。要让泰迪熊型学习者应该在可能不"真实"或真实的情况下独立工作，并培养他们提出批判性或转换性问题的能力。

泰迪熊在需要合作、需要包容他人和对他人敏感的情况下是有价值的。当情况变得紧张时，懂得如何助人、有礼貌的和善良的人都会派上用场——当人们生气时，人际关系需要修复，团队需要富有成效。泰迪熊型学习者占学生人数的三分之一。许多泰迪熊型的学生在处理事实、与现实世界几乎没有联系以及没有伙伴的情况下可能会受到挑战。

类型三：放大镜

放大镜意味着侦探工作。这类学习者喜欢看到全局，然后仔细观察全局中的要点以进一步发现问题。放大镜在他们的追求中至关重要。这类学习者是批判的，有时是情感不外露的，他们可能会争论——他们会说，"是的，但是……"。和回形针型学习者一样，放大镜型学习者更喜欢逻辑顺序，而不是信息本身。这些学习者喜欢辩论、提问、发现问题和批判性地分析棘手的问题，并形成个人意见。这些"直截了当"的思想家，可能会觉得很难与泰迪熊型学习者合作。

当他们试图理解不同的观点时，他们可能会发现很难在决策过程中使用同理心，也很难用心倾听。因此，他们需要学习建立共识的策略，以及如何考虑学习和互动的情感。教师需要在开放式环境下，帮助放大镜型学习者学会开展团队协作，让他们变得更加灵活。

类型四：玩具弹簧

玩具弹簧型学习者是有创造力、具有抽象思维的人。这类学习者知道他们想要去哪里，但是他们可能会采取多种途径来实现目标。他们会产生新的想法和做事的方法，"锦上添花"，以自己的方式工作，富有想象力地思考，并创造出新奇的事物。这些都是真正的"不落俗套"的思考者和实践者。这类学生具有自我表达能力，他们会公开地、个性化地分享学习体验。他们需要移动和创建的空间，就像开放式活动一样，并且能够快速找到解决方案。

因为他们在复杂的组织中感到吃力，并且在不能展示他们的创造力时会变得不耐烦，所以玩具弹簧型的学习者很容易对回形针型学习者感到苦恼。要帮助玩具弹簧学习者，可以使用检查表和图形序列（如时间线或日历）。让玩具弹簧型学习者使用合同来满足截止日期的要求，让他们参考合同开展整个工作。同时，鼓励他们利用等待的时间来思考，而不是采用快速解决方案。

左边和右边

思考这四种类型的另一种方式是基于大脑的组织方式。大脑的左半球是逻辑顺序或演绎思维方面（回形针型和放大镜型），而右半球被认为是抽象思维或归纳思维方面（泰迪熊型和玩具弹簧型）。演绎思维者倾向于使用手头的事实信息来得出结论。归纳思维者考虑各种信息，包括通过情境进行推理的情感和行为。当双方协调一致时，我们更有可能高效率地完成复杂的任务，取得更大的成功。

顶部和底部

图 10.2 顶部框架中回形针型和泰迪熊型学习者，是那些利用更强的感官和直接经验来思考问题和解决问题的学生。图 10.2 底部框架中的放大镜型和玩具弹簧型学习者，可以依靠他们的直觉、潜意识或"第六感"来处理数据和解决问题。使用我们的感官和直觉，对于解决我们没有经验的问题非常有价值。

帮助学生确定他们的优势和局限是很好的做法——这包括了解他们喜

欢的学习方法。让学生确定他们喜欢的一种或两种类型的学习方法，以及他们学习的一种或两种类型。然后，鼓励他们加强对自己局限性知识的学习，并了解那些在这些领域有实力的人。我们发现，把学生分配给一个对立类型的学习者是很有帮助的，这样他们就可以在完成需要特定类型优势的任务时相互支持。

在设计适合所有类型的学习者的课堂环境时，请记住：

回形针型学习者需要：

◇张贴日程表。

◇日程更改的通知。

◇时间表和截止日期。

◇遵循大纲的线性指令。

◇有组织的课堂环境。

泰迪熊型学习者需要：

◇与他人保持联系。

◇情境化体验或服务学习项目。

◇研究具有情感联系的主题。

◇灵活分组。

◇将艺术融入课堂。

放大镜型学习者需要：

◇调查复杂问题的时间。

◇辩论和讨论想法的机会。

◇发现问题和解决问题的机会。

◇需要做出决定的经验。

◇学习任务的逻辑顺序。

玩具弹簧型学习者需要：

◇开放式的问题和活动。

◇思考、行动不受限制的机会。

◇表达自己的时间。

◇充分的迁移机会。

◇空间、机会和具有创造性的材料。

自我调节学习力的发展评估

在建立课堂学习自我调节的框架时，我们必须将重点放在从"扶"到"放"上，帮助学生承担学习的责任。发展终身学习技能和学习自我调节的一个重要方面是让学生承担更多的责任，识别和管理自己的情感、行为和认知，从而成为策略型学习者。让学生给自己提供评估和反馈，可以加强他们的自我调节力。教师可以按照参与学习的阶段（参见第3章）协助学生进行自我评估，以确定他们的自信水平，给他们制订学习计划，并监督他们的学习，然后引导他们反思学到的知识。

表 单

在参与学习的阶段，学习自我调节的学生评估问卷会告诉学生他们所处的学习阶段，并会为教师提供每个阶段的干预指导。问卷分为四个"部分"，与四个阶段中的每个阶段一一对应。

"学生评估问卷——小学自我调节学习"针对的是幼儿园至小学二年级的学生。"学生评估问卷——中小学自我调节学习"适合三年级及以上的学生。但是，小学问卷表单可以针对三年级学生情况进行调整，中小学问卷表单可以针对二年级学生进行调整。小学问卷表单的问题比中小学问卷表单的问题少。在参与学习的每个阶段，所有的表单都是围绕着情感、行为和认知的概念开展评估的。

使用问卷

使用问卷有四个阶段：介绍任务或活动之前（阶段1）；任务/活动开始之前（阶段2）；任务/活动期间（阶段3）；完成任务/活动之后（阶段4）。对于学生来说，问卷调查最好在完成一项大的任务或活动时进行，不要在日常课程中开展,并且要在一周开始、期间和结束时使用问卷。为了适应不同阶段的需要,只要在每个阶段修改部分语言就行了。对于小学生来说,问卷可以全班学生一起使用,也可以让学生一对一使用。中学生可以使用问卷自己进行评估。

当回顾学生对每个框架的回答时,请在前面的章节中选择一些想法和策略,为学生提供支持或提高他们管理行为水平的干预措施或技术。有些策略会比其他策略更有效,可能有效解决对特殊学生的支持需求。在自我调节学习力的不同阶段,如果孩子自我评价较低(强烈反对不确定／不确定),那么可能就需要更多的示范和模仿策略。如果孩子自我评价较高(强烈同意),那么他们可能更需要练习和独立学习。教师作为课堂上的教育领导者,要经常透过现象来看待孩子的自我评估——可能低估或高估他们的自我调节发展。

阶段1:估计自信水平

学生应该采用这个问卷框架来检查其学习环境的基本知识。有关改善学生情绪状态、激发他们学习兴趣、帮助他们建立自我信念和发展自我效能的想法,请参阅第4章。这一框架中的回答也可以为教师提供有关学习环境影响的参照,即如何协作和鼓励课堂共同体共存。

阶段2:准备和计划

在活动之前,学生应完成学生评估问卷。从问卷中收集的信息,可以为学生和教师提供关于实施先决培训和支持的信息。第5章提供了许多"预先加载"的策略和想法,这些工具可用于学习和参与学习任务。

阶段3:监控和调整

在任务或活动中,学生使用这个框架来检查自己设定的目标。第6章确定了不同层次的目标。对于日常或每周的任务／活动,学生应该关注学习／表现目标(SMARTS／S目标),以便能够调整情感、行为或认知。第7章提供了帮助学生避免分心、管理时间和材料、处理压力和保持注意力的方法。教师可以使用这个框架为学生提供关于绩效和目标达成的描述性反馈。有关使用反馈、教会学生寻求帮助以及帮助学生养成学习习惯的内容,请参阅第 8 章。

阶段 4：反思和评估

学生参考本章第一部分的内容，可以反思他们的表现，并计划下一个任务／活动的方法。这个框架可用作个人反思工具或共同体建设工具，用来帮助学生确定在学习过程中如何协助和支持他人。学习自我调节的学生评估问卷旨在成为一种非评估性工具，帮助学生培养更强的学习责任感。学生以循环方式使用评估问卷，在完成四个阶段的一个循环后，学生在接近另一个任务时使用它。这个任务是指参考之前完成的表单来监控他们的自我调节发展。

家长／监护人对学习自我调节的支持

在大多数情况下，家长可能不了解开发学习自我调节的必要工具。为了帮助家长指导孩子更好地自我调节，教师可以为他们提供支持，将课堂实践延伸到家庭。教师务必要与家长分享在课堂上使用的策略，以便他们可以在家中与孩子一起练习。通过向家长提供提示和想法，让他们了解自我调节的主题（参见本章附录中的"家长小贴士：支持你的孩子发展学习自我调节"）。这些想法可以在新闻信件、电子邮件、教室或学区网站上发布，或者在由家长、教师、学生共同参与的信息之夜或会议期间共享。

根据孩子的发展阶段以及他／她的情感、行为、认知的平衡程度，有些策略会比较好用。教师要向家长提供你认为有用的策略，或对孩子有效的特定策略，不要泛泛地提供提示或技巧。这些空洞的策略对一些父母来说可能压力很大，并且可能对他们的家庭情况没有帮助。

本章小结

早期的教学方法把学生定位为学习过程中的被动参与者。随着教学科学的不断发展，我们知道学生必须是主动参与者，他们与相关且有意义的内容进行互动。学生需要在课程中积极学习，教师和家长旨在通过将具体的、多学科的学习策略与学习自我调节技术相结合来教导孩子。最后，学习自我调节的发展需要共同努力。如表10.4所示，学生本人、教师、学校和家长在学生终身学习过程中都有责任。

表10.4 学生、教师、学校和家长的职责

学　生	教　师	学　校	家　长
努力学习。	在课堂上建立一种重视努力的文化。	让学习成为学校社区的宝贵资产。	赞美孩子为成功所做的努力。
制定并努力实现适当的目标。	支持学生制定和实现目标。	发布校园目标和实现目标的过程。	向孩子展示你如何设定目标并努力实现目标。
即使事情变得艰难，也要学会坚持下去。	为学生提供安全的机会，以应对挑战。	当学生表现出坚持不懈和毅力时，要认可他们。	讨论你如何在困难的任务中坚持，并重视孩子所做的坚持。
了解自己的优势和局限。	为学生提供了解自身优势和局限的机会。	展示不同的成功方式。	告诉孩子你擅长什么，并分享你的局限。
了解如何协作和独立工作。	为学生提供合作和独立工作的选择。	教职员工应该向学生展示他们如何共同努力实现学校目标。	向孩子展示你如何与他们合作，以及你如何独立工作。
学会学习。	让学生接受有关学习习惯的培训。	为家庭学习（而不是家庭作业）设定学校的预期。	帮助孩子养成学习习惯。
寻找适当的挑战。	提供富有挑战性和富有活力的学习环境，吸引并培养学生的兴趣。	坚持鼓励开设有深度、复杂的高质量课程。	告诉孩子你是如何享受挑战的，并且是一个不断学习的人。
学会发现和解决问题。	为学生提供调查和解决问题的机会。	鼓励以学生为中心的学校环境，注重服务学习。	鼓励孩子参加社区活动，甚至成为志愿者去帮助他人。

附录：

学生评估问卷
——小学自我调节学习

阶段 1：估计自信水平

我能做得怎么样？

在课堂里	☺	😐	☹
我对学习感觉很好。			
我知道规则是什么。			
我喜欢思考不同的想法。			
我有朋友帮助我。			
我喜欢和别人合作。			
我喜欢在这里。			

阶段 2：准备和计划

我该怎么做才能做得好？

在我们开始之前	☺	😐	☹
我很乐意做这项活动。			
我知道要做什么。			
我能做到。			
我知道谁能帮助我。			
我可以和别人一起学习。			
我知道该向谁寻求帮助。			

阶段3：监控和调整

我正在做的事做得有多好？

我们在学习的时候	☺	😐	☹
我对自己的所作所为感到满意。			
我知道接下来该做什么。			
我做得很好。			
我会在需要的时候寻求帮助。			
我和其他人一起学习得很好。			
我喜欢我们正在做的事情。			

阶段4：反思和评估

我做得有多好？

现在我们已经完成了	☺	😐	☹
我对我们所做的感到满意。			
我遵守规则。			
我做得很好。			
我通过我的朋友来帮助我。			
我喜欢和别人一起学习。			
我喜欢做这个活动。			

取自理查德·卡什《自我调节课堂》，2016版。本页可供个人、课堂或小组作业复制。如有其他用途，请联系Free Spirit Publishing Inc. 授权，网址：www.freespirit.com/。

学生评估问卷
——中小学自我调节学习

阶段 1：估计自信水平

我想我能做得怎么样？

在课堂里	1 强烈反对	2	3 不确定	4	5 强烈同意
我觉得我会学习。					
我知道别人对我的期望。					
我可以用与他人不同的方式进行思考。					
我得到了鼓励。					
我可以和别人一起学习。					
我面临着提出新想法的挑战。					
有人喜欢我。					
我知道分配任务时怎么做。					
我有机会发挥创造力。					
我喜欢学习。					

阶段 2：准备和计划

我该怎么做才能做得好？

关于这次活动	1 强烈反对	2	3 不确定	4	5 强烈同意
我知道自己能成功。					
我知道自己的期望。					
我知道使用什么工具来完成任务。					
我知道当我做得好时谁会鼓励我。					
我知道和谁一起工作才能更有效率。					

续表

关于这次活动	1 强烈反对	2	3 不确定	4	5 强烈同意
当我遇到问题时我知道该怎么做。					
我知道如何保持乐观。					
我知道从哪里获取我需要的材料、资源和支持。					
我知道提出新想法、做一些拓展的方法。					
我知道什么会使学习变得愉悦。					

阶段3：监控和调整

我正在做的事做得有多好？

在这次活动中	1 强烈反对	2	3 不确定	4	5 强烈同意
我对自己正在做的事情感觉良好。					
我正在做预期的事情。					
我充分利用工具来完成这项任务。					
我受到他人鼓励。					
我正在和帮助我提高学习效率的人一起学习。					
当我有问题时,我会问他们。					
当我有问题时,我会得到答案。					
我保持乐观。					
必要时,我会使用这些材料、资源和支持。					
在适当的时候,我会提出新想法,做一些拓展。					

续表

在这次活动中	1 强烈反对	2	3 不确定	4	5 强烈同意
我很享受我正在做的事情。					

阶段 4：反思和评估

我做得有多好？

对活动的反思	1 强烈反对	2	3 不确定	4	5 强烈同意
我对自己的所作所为感觉满意。					
我知道该做什么，并且做到了。					
我很好地利用工具来完成任务。					
我觉得受到了他人的鼓舞。					
我和那些能使我完成任务、帮助我取得成功的人一起学习。					
必要时，我会提出问题。					
当我有疑问时，答案很有用。					
在大部分活动中，我都保持乐观。					
我正确地使用了材料、资源和支持。					
有机会时，我提出了新想法，做了一些拓展。					
我喜欢我所做的。					

取自理查德·卡什《自我调节课堂》，2016版。本页可供个人、课堂或小组作业复制。如有其他用途，请联系Free Spirit Publishing Inc. 授权，网址：www.freespirit.com/。

家长小贴士：支持你的孩子发展学习自我调节

自我调节学习力是平衡情感（感觉）、行为和认知以获得成功的能力。自我调节学习力的发展分为四个阶段：

1. 学生观察他人，并建立适当的情感、行为和认知，以取得成功。

2. 学生必须在支持和指导下复制、执行策略。

3. 学生必须在不同的环境和地点实施策略，以使他们能够根据实际情况加以改进并取得成功。

4. 学生必须花时间思考如何运作学习策略，需要改变什么，然后允许他们自己应用策略。

你可以通过以下方式支持孩子的情感、行为和认知的发展。

为孩子建立学习策略模型：

◇告诉孩子如何处理不好的感觉、兴奋和压力感。

◇告诉孩子处理困难的积极的方法。

◇告诉孩子你是如何计划、组织和思考各种情况的。

模仿和实施：

◇你帮助孩子说出自己的感受，且思考如何保持积极的状态、减轻压力，并与难以交流的人打交道。

◇让孩子在计划、组织和处理困难时，将自己的想法告诉你，与你一起讨论。

实践策略：

◇每天询问孩子，在学校期间如何管理自己的情感、行为和认知。

◇关注孩子，在他／她遇到困难时提供建议。

◇完成一天的学习后，让孩子举例说明他／她当时的想法。

独立和应用：

◇定期与孩子一起自我反思，让孩子确定自己的情感和动机水平。

◇让孩子告诉你，他们是如何处理学校内外复杂的问题或情况的。

◇让孩子向你解释，他们正在做的事情或对未来的看法。

更多想法：

◇开放和坦诚地对待情绪：每个人都会有情绪，都会以不同的方式处理它们。重要的是，我们能够认识到，情绪对我们如何应对压力、如何应对环境以及如何应对其他人产生的影响。

◇与孩子讨论人们如何积极和消极地对待他们的情绪。

◇与孩子谈论人们的积极和消极行为。

◇告诉孩子,积极的情绪和行为对成功的影响比消极的情绪反应和行为更大。

◇对孩子使用肯定的语言,而不是否定的语言,比如:"听从我的指示",而不是"为什么你不按我告诉你的去做?""我很欣赏你平静地和我说话",而不是"不要那样与我说话"。

◇帮助孩子确定他们天生擅长什么,以及是什么给他们造成了困难。

◇告诉孩子"没有人擅长每一件事,但是每个人都有擅长的一件事"。

◇帮助孩子认识到在困难的情况下,他／她可以:

——学会适应这种情况。

——要求改变这种情况。

——避免将来陷入这种情况。

◇给孩子提供建设性的反馈,重点是如何提高他／她的表现,反馈要具体化、有针对性。

◇称赞孩子的努力,而不是孩子的能力。

——与孩子一起解决富有意义的挑战。这些挑战必须是令人愉快的、有趣的。

◇提醒孩子:

——所有技能和流程都是可以学习的。

——耐心、坚持和毅力是成功的关键。

——反馈旨在建立信心和恢复力。

◇教孩子如何:

——相信自己。

——寻求别人的帮助。

——组织材料,完成学习。

——请求、要求和倡导更多的支持、信息和资源。

◇帮助孩子了解技能和内容对未来学习的重要性。

◇平衡你的赞扬和支持。

◇鼓励孩子练习，直到他们对自己做的事情有信心为止。

◇为孩子提供反思学习的时间。

◇帮助孩子在学校与他／她的生活、学习领域和职业之间建立联系。

◇保持成长心态：

——向孩子展示你对挑战的热爱。

——将你的错误作为学习工具。

——讨论你每天付出的努力。

——展示你持续学习的情况。

◇当你不知道如何支持你的孩子时，寻求专业帮助（社会工作者、心理学家、治疗师、医生）。

取自理查德·卡什《自我调节课堂》，2016版。本页可供个人、课堂或小组作业复制。如有其他用途，请联系Free Spirit Publishing Inc. 授权，网址：www.freespirit.com／。

作者简介

理查德·M·卡什，教育博士，获得明尼苏达大学基础教育学学士学位、圣托马斯大学（明尼苏达州圣保罗市）课程和教学硕士学位和教育领导力博士学位。

在获得硕士学位后，卡什成了一名课程专家，并开发了培训模块、课程形态和差异学习原型，帮助教师创造更高层次的体验，以满足所有儿童的需求。在完成博士学位后，卡什在明尼苏达州罗切斯特市担任天才项目的管理者，并在明尼苏达州布卢明顿公立学校担任天才项目的主管。在布卢明顿，他不断地调整天才项目，得以在预算赤字期间为更多学生提供服务，并将差异化教学纳入了学校课程。

卡什在美国和世界各地举办了数百场研讨会、演讲和员工发展会议。他提供的基于研究的策略和技术被证明可以提高学生的学习成绩。他最大的热情是帮助教师认识到所有孩子所拥有的各种才能，并创造有吸引力的学习经历，以鼓励人才蓬勃发展。

卡什是多个专业组织的成员，包括全国天才儿童协会、特殊儿童委员会和美国督导与课程开发协会（ASCD）。他撰写了大量有关高质量教学实践的文章，许多人认为他是一位非常有吸引力、富有激励性和启发性的演讲者。

卡什的其他著作还包括《深化差异教学：面向21世纪的思考和学习》（*Advancing Differentiation: Thinking and Learning for the 21st Century*）和《面向天才学习者的差异教学：超越基础》（*Differentiation for Gifted Learners: Going Beyond the Basics, with coauthor Diane Heacox*）。

卡什提供各种（现场或通过Skype）专业发展指导，包括差异教学、思维技能、大脑兼容学习、创造力和资优教育等。他提供一对一咨询和小组研讨会。要了解更多信息，请访问www.nrichconsulting.com。

参考文献

Ames, Carole. "Classrooms: Goals, Structures, and Student Motivation." *Journal of Educational Psychology, 84(3)* (1992): 261–271.

Babbitt, N. *Tuck Everlasting*. New York: Farrar, Strauss and Giroux, 1975.

Bandura, A. *Self-Efficacy: The Exercise of Control*. New York: Freeman, 1997.

Bandura, A. *Social Foundations of Thought and Action: A Social Cognitive Theory*. Englewood Cliffs, NJ: Prentice Hall, 1986.

Barab, S. A., and J. A. Plucker. "Smart People or Smart Context? Cognition, Ability and Talent Development in an Age of Situated Approaches to Knowing and Learning." *Educational Psychologist, 37(3)* (2002):165–182.

Baumeister, R. F., and K. D. Vohs (eds.). *Handbook of Self-Regulation: Research, Theory, and Applications*. New York: Guilford Press, 2004.

Beyer, B. K. *Practical Strategies for the Teaching of Thinking*. Newton, MA: Allyn and Bacon, 1987.

Boekaerts, M., and E. Cascallar. "How Far Have We Moved Toward the Integration of Theory and Practice in Self-Regulation?" *Educational Psychology Review, 18(3)* (2006): 199–210.

Boekaerts, M., and L. Corno. "Self Regulation inthe Classroom: A Perspective on Assessment and Intervention." *Applied Psychology, 54(2)* (2005): 199–231.

Brookfield, S. D. *The Skillful Teacher: On Technique, Trust, and Responsiveness in the Classroom*. Hoboken, NJ: John Wiley & Sons, 2009.

Brown, P. C., H. L. Roediger, and M. A. McDaniel. *Make It Stick: The Science of Successful Learning*. Cambridge, MA: Belknap Press, 2014.

Carey, B. *How We Learn: The Surprising Truth About When, Where, and Why It Happens.* New York: Random House, 2014.

Carr, N. *The Shallows: What the Internet Is Doing to Our Brains.* New York: Norton, 2011.

Carver, C. S., and M. F. Scheie. *On the Self-Regulation of Behavior.* New York: Cambridge University Press, 1998.

Cash, R. M. *Advancing Differentiation: Thinking and Learning for the 21st Century.* Minneapolis: Free Spirit Publishing, 2011.

Collins, N. "Practice Doesn't Always Make Perfect." *Scientific American Mind, 25(6)* (2014): 12–12.

Colvin, G. *Talent is Overrated: What Really Separates World-Class Performers from Everybody Else.* New York: Portfolio, 2008.

Cooper, H., J. Civey, and E. A. Patall. "Does Homework Improve Academic Achievement? A Synthesis of Research, 1987–2003." *Review of Educational Research, 76* (2006): 1–62.

Corsini, R. J., and D. Wedding. *Current Psychotherapie.* Belmont, CA: Brooks/Cole, 2011.

Covey, S. *The Seven Habits of Highly Effective People.* New York: Simon & Schuster, 1989.

Cox, A. J. *No Mind Left Behind: Understanding and Fostering Executive Control—The Eight Essential Brain Skills Every Child Needs to Thrive.* New York: Perigee, 2007.

Danckert, J. "Descent of the Doldrums." *Scientific American Mind, 24(3)* (2013): 54–59.

Dembrowsky, C. *Personal and Social Responsibility.* La Luz, NM: Institute for Affective Skill Development, 1988.

Dewey, J. *Art and Education.* Merion, PA: Barnes Foundation Press, 1926.

Dewey, J. "Individuality and Experience." In *Later Works of John Dewey* (Vol. 2). Carbondale, IL: Southern Illinois University Press, 1984.

Dignath, C., and G. Büttner. "Components of Fostering Self-Regulated Learning Among Students. A Meta-Analysis on Intervention Studies at Primary and Secondary School Level." *Metacognition and Learning, 3(3)* (2008): 231–264.

Dillon, D. G., and K. S. LaBar. "Startle Modulation During Conscious Emotion Regulation Is Arousal-Dependent." *Behavioral Neuroscience, 119(4)* (2005):1118.

Dweck, C. *Mindset: The New Psychology of Success.* New York: Random House, 2006.

Eccles, J. S., and A. Wigfield. "Motivational Beliefs, Values, and Goals. *Annual Review of Psychology, 53(1)* (2002): 109–132.

Elliot, A. J. "Approach and Avoidance Motivation and Achievement Goals." *Educational Psychologist, 34(3)* (1999): 169–189.

Elliot, A. J., and C. S. Dweck (eds.). *Handbook of Competence and Motivation*. New York: Guilford Press,2005.

Elliot, A. J., and H. A. McGregor. "A 2 x 2 Achievement Goal Framework." *Journal of Personality and Social Psychology, 80* (2001): 501–519.

Emmet, D. M. *The Nature of Metaphysical Thinking*. London, England: MacMillan, 1945.

English, H. B., and A. C. English. *A Comprehensive Dictionary of Psychological and Psychoanalytical Terms: A Guide to Usage*. New York: Longmans, Green, and Co., 1958.

Flavell, J. H. "Metacognition and Cognitive Monitoring: A New Area of Cognitive –Developmental Inquiry." *American Psychologist, 34(10)* (1979): 906.

Freud, S. *An Outline of Psychoanalysis*. New York: W. W. Norton, 1940.

Fuchs, L. S., and D. Fuchs. "Curriculum-Based Assessment of Progress Toward Long-Term and Short-Term Goals." *The Journal of Special Education, 20(1)* (1986): 69–82.

Galbraith, J., and J. Delisle. *When Gifted Kids Don't Have All the Answers*. Minneapolis: Free Spirit Publishing, 2015.

Gardner, H. E. *Intelligence Reframed: Multiple Intelligences for the 21st Century*. New York: Basic Books, 1999.

Gardner, H. E. *Multiple Intelligences: The Theory in Practice: A Reader*. New York: Basic Books, 1993.

Gibbs, G. *Learning by Doing: A Guide to Teaching and Learning Methods*. Oxford, England: Oxford Polytechnic, 1988.

Gobet, F. "Deliberate Practice and Its Role in Expertise Development." In *Encyclopedia of the Science of Learning,* edited by N. M. Seel. New York: Springer, 2012.

Gregorc, A. F. *Mind Styles Model: Theory, Principles, and Applications*. Columbia, CT: Gregorc Associates, 1998.

Gross, J. J.,and R. A. Thompson. "Emotion Regulation: Conceptual Foundations." *Handbook of Emotion Regulation, 3(24)* (2007).

Halvorson, H. G., and E. T. Higgins. *Focus: Use Different Ways of Seeing the World for Success and Influence.* New York: Hudson Street Press, 2013.

Hattie, J. A. C. *Visible Learning: A Synthesis of Over 800 Meta-Analyses Relating to Achievement.* Abingdon, England: Routledge, 2009.

Heacox, D. *Differentiating Instruction in the Regular Classroom: How to Reach and Teach All Learners.* Minneapolis: Free Spirit Publishing, 2012.

Heacox, D. *Making Differentiation a Habit: How to Ensure Success in Academically Diverse Classrooms.* Minneapolis: Free Spirit Publishing, 2009.

Heacox, D., and R. Cash. *Differentiation for Gifted Learners: Going Beyond the Basics.* Minneapolis: Free Spirit Publishing, 2014.

Hearn, J. "From Hegemonic Masculinity to the Hegemony of Men." *Feminist Theory, 5(1)* (2004): 49–72.

Hidi, S., and M. Ainley. "Interest and Self-Regulation: Relationships Between Two Variables That Influence Learning." In *Motivation and Self-Regulated Learning: Theory, Research, and Application,* edited by D. Schunk and B. J. Zimmerman. New York: Routledge, 2008.

Higgins, E. T. "Making a Good Decision: Value from Fit." *American Psychologist,* 55 (2000): 1217–1230.

Higgins, E. T. "Promotion and Prevention Experiences: Relating Emotions to Nonemotional Motivational States." In *Handbook of Affect and Social Cognition,* edited by Joseph P. Forgas. Mahwah, NJ: Lawrence Erlbaum Associates Publishers, 2001.

Jensen, E. *Teaching with Poverty in Mind: What Being Poor Does to Kids' Brains and What Schools Can Do About It.* Alexandria, VA: ASCD, 2009.

Jung, C. G. *Psychological Types: Or the Psychology of Individuation.* Oxford, England: Harcourt, Brace, 1923.

Kimura, D. "Sex Differences in the Brain." *Scientific American, 287* (2003): 32–37.

Kolb, D. A. *Experiential Learning: Experience as the Source of Learning and Development* (Vol. 1). Englewood Cliffs, NJ: Prentice-Hall, 1984.

Kolb, D. A., and R. E. Fry. "Toward an Applied Theory of Experiential Learning." In *Theories of Group Processes,* by Cary L. Cooper. New York: Wiley, 1975.

Kurman, J., and C. Hui. "Promotion, Prevention or Both: Regulatory Focus and Culture Revisited." *Online Readings in Psychology and Culture.* Retrieved from scholarworks.gvsu.edu/orpc/vol5/iss3 (2011).

Lamont, M., J. Kaufman, and M. Moody. "The Best of the Brightest: Definitions of the Ideal Self Among Prize-Winning Students." *Sociological Forum, 15(2)*

(2000): 187–224.

Lipsett, A. "Supporting Emotional Regulation in Elementary School: Brain-Based Strategies and Classroom Interventions to Promote Self-Regulation." *LEARNing Landscapes, 5(1)* (2011).

Livingston, J. A. "Metacognition: An Overview." Retrieved from gse.buffalo.edu/fas/shuell/CEP564/Metacog.htm (1997).

Locke, E. A., and G. P. Latham. *A Theory of Goal Setting and Task Performance*. Englewood Cliffs, NJ: Prentice-Hall, 1990.

McLeod, S. A. "Kolb - Learning Styles." Retrieved from www.simplypsychology.org/learning-kolb.html (2010).

McMahon, M., and J. Luca. "Assessing Students' Self-Regulatory Skills." In *Proceedings of the Annual Conference of the Australasian Society for Computers in Learning in Tertiary Education*, 2001.

Mischel, W., Y. Shoda, and P. K. Peake. "The Nature of Adolescent Competencies Predicted by Preschool Delay of Gratification." *Journal of Personality and Social Psychology, 54(4)* (1988): 687–696.

Montalvo, F. T., and M. C. G. Torres. "Self-Regulated Learning: Current and Future Directions." *Electronic Journal of Research in Educational Psychology, 2(1)* (2004): 1–34.

Murphy, S. "Surfing Our Way to Stupid." *New Scientist, 207(2775)* (2010): 28.

Newberg, A., and M. R. Waldman. *Words Can Change Your Brain: 12 Conversation Strategies to Build Trust, Resolve Conflict, and Increase Intimacy*. New York: Penguin, 2012.

Pajares, F., and D. Schunk. "The Development of Academic Self-Efficacy." In *Development of Achievement Motivation*, edited by A. Wigfield and J. Eccles. San Diego: Academic Press, 2002.

Paris, S. G., and A. H. Paris. "Classroom Applications of Research on Self-Regulated Learning. *Educational Psychologist, 36(2)* (2001): 89–101.

Paul, R., and L. Elder. *Critical Thinking: Tools for Taking Charge of Your Professional and Personal Life*. Upper Saddle River, NJ: Pearson FT Press, 2014.

Peterson, J. S. *The Essential Guide to Talking with Gifted Teens*. Minneapolis: Free Spirit Publishing, 2008.

Piaget, J. *The Construction of Reality in the Child* (Vol. 82). London, England: Routledge, 2013 (originally published in 1937).

Pink, D. H. *Drive: The Surprising Truth About What Motivates Us*. New York:

Penguin, 2009.

Pryor, J. H., et al. *The American Freshman: Forty Year Trends*. Los Angeles: Higher Education Research Institute, 2007.

Roberts, P. "Instant Gratification." *The American Scholar* (Autumn 2014).

Rogers, C. *Client-Centered Therapy: Its Current Practice, Implications and Theory*. London, England: Constable, 1951.

Rogoff, B., et al. "Firsthand Learning Through Intent Participation." *Annual Review of Psychology, 54(1)* (2003): 175–203.

Rothman, A. J., et al. "Self-Regulation and Behavior Change: Disentangling Behavioral Initiation and Behavioral Maintenance." In *Handbook of Self-Regulation. Research, heory, and Applications*, edited by R. F. Baumeister and K. D. Vohs, 2004.

Schunk, D. H. "Peer Models and Children's Behavioral Change." *Review of Educational Research, 57(2)* (1987): 149–174.

Schunk, D., and B. J. Zimmerman (eds.). *Motivation and Self-Regulated Learning: Theory, Research, and Application*. New York: Routledge, 2008.

Schwartz, D. "Calmly We Walk Through This April's Day." *Selected Poems (1938–1958): Summer Knowledge*. New York: New Directions Publishing, 1967.

Silver, H., J. Jackson, and D. Moirao. *Task Rotation: Strategies for Differentiating Activities and Assessments by Learning Style*. Alexandria, VA: ASCD, 2011.

Silver, H. F., and R. W. Strong. *Learning Style Inventory for Students*. Ho-Ho-Kus, NJ: Thoughtful Education Press, 2004.

Skinner, B. F. "The Steep and Thorny Way to a Science of Behavior." *American Psychologist, 30(1)* (1975): 42.

Sternberg, R. *Successful Intelligence: How Practical and Creative Intelligence Determine Success in Life*. New York: Plume, 1997.

Sternberg, R. J. *Wisdom, Intelligence, and Creativity Synthesized*. New York: Cambridge University Press, 2003.

Sternberg, R. J., and E. L. Grigorenko. *Teaching for Successful Intelligence: To Increase Student Learning and Achievement*. Thousand Oaks, CA: Corwin Press, 2007.

Sungur, S., and C. Tekkaya. "Effects of Problem-Based Learning and Traditional Instruction on Self-Regulated Learning." *The Journal of Educational Research, 99(5)* (2006): 307–320.

Svinicki, M. D. "Student Goal Orientation, Motivation, and Learning" (2008).

Retrieved from www.education.com/reference/article/Ref_Student_Goal in 2015.

Sylwester, R. "The Downshifting Dilemma: A Commentary and Proposal." *International Journal of Interdisciplinary Education, 1(1)* (2013): 1–5.

Sylwester, R. (ed.). *Student Brains, School Issues: A Collection of Articles.* Newbury Park, CA: Corwin Press, 1998.

Torrance, E. P. *The Search for Satori and Creativity.* New York: Creative Education Foundation, 1979.

Tough, P. *How Children Succeed.* New York: Houghton Mifflin Harcourt, 2012.

"Understanding Procrastination." Retrieved from www.sas.calpoly.edu/docs/asc/ssl/procrastination.pdf.

Vygotsky, L. S. "Thinking and Speech." In *The Collected Works of L. S. Vygotsky, Vol. 1: Problems of General Psychology*, edited by R. W. Rieber and A. S. Carton, translated by N. Minick, New York: Plenum Press, 1987.

Vygotsky, L. S., and M. Cole. *Mind in Society: The Development of Higher Psychological Processes.* Cambridge, MA: Harvard University Press, 1978.

Walsh, L., et al. "The Role of Technology in Engaging Disengaged Youth: Final Report." *Australian Flexible Learning Framework* (2011). Retrieved from https://www.fya.org.au/app/theme/default/design/assets/publications/Final-Report-AFLF-280411.pdf.

Walters, K. S. (ed.). *Re-Thinking Reason: New Perspectives in Critical Thinking.* Albany, NY: SUNY Press, 1994.

Weinstein, N. D. "Testing Four Competing Theories of Health-Protective Behavior." *Health Psychology, 12(4)* (1993): 324.

Wiggins, G. "Feedback for Learning." *Educational Leadership 70(1)* (2012): 10–16.

Wilson, N. S., and H. Bai. "The Relationships and Impact of Teachers' Metacognitive Knowledge and Pedagogical Understandings of Metacognition." *Metacognition and Learning, 5(3)* (2010): 269–288.

Wood, R. E., and E. A. Locke. "The Relation of Self-Efficacy and Grade Goals to Academic Performance." *Educational and Psychological Measurement, 47(4)* (1987): 1013–1024.

Zimmerman, B. J. "Attainment of Self-Regulation: A Social Cognitive Perspective." In *Self-Regulation: Theory, Research, and Applications,* edited by M. Boekaerts, P. Pintrich, and M. Zeidner (pp. 13–39). Orlando, FL: Academic Press, 2000.

Zimmerman, B. J. "A Social Cognitive View of Self-Regulated Academic Learning." *Journal of Educational Psychology, 81(3)* (1989): 329–339.

Zimmerman, B. J., and A. Kitsantas. "The Hidden Dimension of Personal Competence: Self-Regulated Learning and Practice." In *Handbook of Competence and Motivation,* edited by A. J. Elliot and C. S. Dweck. New York: Guilford Publications, 2005.

Zimmerman, B. J., and D. H. Schunk. "Reflections on Theories of Self-Regulated Learning and Academic Achievement." In *Self-Regulated Learning and Academic Achievement: Theoretical Perspectives,* edited by B. J. Zimmerman and D. H. Schunk (pp.289–300). Mahwah, NJ: Erlbaum, 2001.

Zimmerman, B. J., S. Bonner, and R. Kovach. *Developing Self-Regulated Learners: Beyond Achievement to Self-Efficacy.* Washington, DC: American Psychological Association, 1996.

译后记

众所周知，一名学生再用功，他从书本、课堂、学校学到的知识也是十分有限的，而现实社会对人才的需求是多方面、多维度的。有的人大学毕业，但在工作岗位上却贡献平平；有的人没考上大学，参加工作后却成为行业的佼佼者。分析其原因，其中一个最重要的原因就是后者具有较强的适应能力。一样的课堂、一样的学习，适应能力、认知能力、创新能力却截然不同，关键就要看一个人是否具有自我调节能力。

什么是自我调节力？教师该如何引导学生明确学习目标、正确面对失败、真正把握学习机会？本书给出了答案——让教师能够更深刻地理解自我调节理论，知晓发展自我调节力到底是什么样的，帮助学生学习如何学习，真正找到培养学生自主学习能力的方法。

本书建立了自我调节力模型，即情感、行为、认知三个维度的能力紧密交织，在成功的学习者身上相互作用、密不可分。基于这个模型，作者对学习自我调节力要经历的四个时期（起步、干预、支持和放手）进行了阐释，提出了各阶段的应对策略。作者认为，学生只有真正参与到学习中，才能培养更多的自我调节意识。作者建立了参与学习的周期性模式，即四个相互关联的参与学习阶段——培养信心、设定目标和目标管理、监控与调整、回顾与反思。每次学生顺利完成这些阶段，自我调节力都会得以提高。

本书在提出模型和理论的基础上，还提出了十分充实的方法和切实可行的建议，对教师来说是一本集理论和实操于一身的好书。这也是我们选择引进本书的一个重要原因。在阅读这本书时，您可以从实际需求出发，在自我调节的情感（A）、行为（B）、认知（C）三个维度中结合实践仔细思考（可以阅读第1章至第5章）。但是，学习者的自信心、参与学习的行为和认知的能力又是息息相关，密不可分的，在自我调节的ABCs中必须共同推进。如何去做呢？建立合理可行的学习目标，帮助学习者保持专注，主动学习，学会反思（可以阅读第7章至第9章），这是我们教育工作者乃至学校、家庭必须一起去完成的，因为只有我们共同努力，才能使正在成长中的一代能够真正学会自我调节，立足于竞争越来越激烈的社会之中。

衷心感谢我的导师——盛群力教授！硕士毕业至今已经20年了，因为种种原因，没有从事与专业相关的工作，我对此一直心存介怀。在一次与导师见面的时候，了解到盛群力老师一直致力于引进和推广国外先进的教学论、课程论的研究理论，就毛遂自荐想加入这个团队。非常感谢盛老师给我这次机会，让我加入这个团队，让我有机会从读者变成译者。在本书的翻译过程中，盛老师更是经常向我了解翻译进程、帮助解决翻译过程中的困难，让我感觉又回到了读书时期，好怀念研究生的时光啊！

衷心感谢本书的另一位译者——浙大宁波理工学院丁旭老师。她也是盛群力教授的学生，跟我不是同一时期。这次的翻译，让我们有了交集。对于本书的翻译，我们的分工是：丁旭老师主要翻译作者简介、推介语、序言、前言以及第1章至第7章，我翻译第8章至第10章，同时丁旭老师也承担了后期的统稿整理工作，这个量是非常大的。在翻译过程中，我们有过电话交流、微信交流，虽身处一个城市，但均因工作等原因，我们没有见过面。期待着与丁旭老师的见面！

衷心感谢华东师范大学出版社将本书列入出版计划！祝读者朋友从阅读本书中得到快乐和启迪。

车燕虹

2022年4月10日于宁波

图书在版编目（CIP）数据

自我调节课堂：帮助学生学会学习/（美）理查德·M.卡什著；丁旭，车燕虹译.
—上海：华东师范大学出版社，2022
 ISBN 978 – 7 – 5760 – 3415 – 8

Ⅰ.①自…　Ⅱ.①理…②丁…③车…　Ⅲ.①学习方法　Ⅳ.①G442

中国版本图书馆 CIP 数据核字（2022）第 222645 号

大夏书系·培养学习力译丛　盛群力　主编

自我调节课堂：帮助学生学会学习

著　　者	［美］理查德·M·卡什
译　　者	丁　旭　车燕虹
审　　订	盛群力
策划编辑	李永梅
责任编辑	万丽丽　薛菲菲
责任校对	杨　坤
封面设计	奇文云海·设计顾问

出版发行	华东师范大学出版社
社　　址	上海市中山北路 3663 号　邮编　200062
网　　址	www.ecnupress.com.cn
电　　话	021 – 60821666
客服电话	021 – 62865537
邮购电话	021 – 62869887　地址　上海市中山北路 3663 号华东师范大学校内先锋路口
网　　店	http：//hdsdcbs.tmall.com

印 刷 者	三河市龙林印务有限公司
开　　本	700×1000　16 开
印　　张	16
字　　数	237 千字
版　　次	2023 年 3 月第一版
印　　次	2025 年 7 月第三次
印　　数	8 001 - 9 000
书　　号	ISBN 978 – 7 – 5760 – 3415 – 8
定　　价	55.00 元

出 版 人	王　焰

（如发现本版图书有印订质量问题，请寄回本社市场部调换或电话 021-62865537 联系）